Editorial

Liebe Leserinnen und Leser,

ein langer Sommer liegt hinter uns, heiß war er und trocken vielerorts. Doch während sich draußen Dürre breitmachte und Trockenheit wie bleiern auf Wiesen und Wäldern lastete, erreichte uns, die Redaktion, ein breiter Zufluss von Beiträgen und Meinungen, von Versen und Prosaischem – ein munterer Quell, der uns viel Schönes, mancherlei Beachtliches und – ja auch – Bedenkliches ins Haus spülte. Erfrischend war es allemal.

So schwoll das Heft an, Seite um Seite, bis es schließlich auf die rekordverdächtigen 132 Seiten kam, die Sie nun in Händen halten. Wir freuen uns über den regen Zuspruch, vielen Dank!

Denn so konnten wir wieder einen bunten Strauß für Sie binden, bunt wie das Herbstlaub, das nun bald wieder im Winde wehen wird. Nicht alle Blätter, die uns dabei ins Haus flatterten, konnten in dieser Ausgabe berücksichtigt werden. Wir haben sie vorsorglich eingelagert für den Winter.

Der stete Wechsel der Jahreszeiten, das ist ein traditionelles Motiv der Haiku-Dichtung. Ein *kigo*, ein Jahreszeitenwort also, finden Sie auch deshalb auf Seite 8. Lassen Sie sich inspirieren, dichten Sie ein Haiku zur Jahreszeit.

Wir hoffen, Sie finden auch abseits dessen noch viel Anregendes im neuen Heft, das Sie – bei allem Wandel – als freundlicher Begleiter gut durch den windigen Herbst bringen möge.

Herzliche Grüße
Ihr Horst-Oliver Buchholz

Inhalt

Deutsche Haiku-Gesellschaft e.V.

Die Deutsche Haiku-Gesellschaft e.V.[1] unterstützt die Förderung und Verbreitung deutschsprachiger Lyrik in traditionellen japanischen Gattungen (Haiku, Tanka, Haibun, Haiga und Kettendichtungen) sowie die Vermittlung japanischer Kultur. Sie organisiert den Kontakt der deutschsprachigen Haiku-Dichter untereinander und pflegt Beziehungen zu entsprechenden Gesellschaften in anderen Ländern. Der Vorstand unterstützt mehrere Arbeits- und Freundeskreise in Deutschland sowie Österreich, die wiederum Mitglieder verschiedener Regionen betreuen und weiterbilden.

[1] Mitglied der Federation of International Poetry Associations (assoziiertes Mitglied der UNESCO), der Haiku International Association, Tokio, Ehrenmitglied der Haiku Society of America, New York.

Anschrift	Deutsche Haiku-Gesellschaft e. V., z. Hd. Stefan Wolfschütz, Postfach 202548, 20218 Hamburg
Vorstand	
Info/DHG-Kontakt und Redaktion	Horst-Oliver Buchholz, horst-oliver.buchholz@dhg-vorstand.de
Redaktion	Eleonore Nickolay, E-Mail: eleonore.nickolay@dhg-vorstand.de
Kassenwartin	Petra Klingl, E-Mail: petra.klingl@dhg-vorstand.de
Website	Stefan Wolfschütz, stefan.wolfschuetz@dhg-vorstand.de
	Claudia Brefeld, claudia.brefeld@rub.de
Internationale Kontakte	Klaus-Dieter Wirth, kd.wirth@dhg-vorstand.de
	Peter Rudolf, peter.rudolf@dhg-vorstand.de
	Tony Böhle, tony.boehle@dhg-vorstand.de
Bankverbindung:	Landessparkasse zu Oldenburg, BLZ 280 501 00, Kto.-Nr. 070 450 085 (BIC: SLZODE22XXX, IBAN: DE97 2805 0100 0070 4500 85)

Bibliografische Information der Deutschen Nationalbibliothek:
Die Deutsche Nationalbibliothek verzeichnet diese Publikation in der Deutschen
Nationalbibliografie; detaillierte bibliografische Daten sind im Internet über
www.dnb.dnb.de abrufbar.

©2019 Deutsche Haiku-Gesellschaft
Herstellung und Verlag:
BoD – Books on Demand, Norderstedt
ISBN 978-3-749469-22-2

Weiterdichten

Ein Haiku zu einem Sumi-e dichten

Ein sehr reduziertes Bild sehen wir, ein Sumi-e, das im Atelier von Ramona Linke entstanden ist. Wir sehen einen Hang, einen Menschen, der dort geht. Ein Mann oder eine Frau, geht er oder sie den Hang hinauf oder hinab? Es ist nicht eindeutig zu klären. Ein paar Bäume erblicken wir, vermutlich der Eingang zu einem Wald, und einen Himmelskörper. Sonne oder Mond? Dieses Bild ist atmosphärisch dicht durch Reduktion und lässt weiteren Raum. 23 Autorinnen und Autoren machten sich ihre eigenen Gedanken und füllten den Raum mit einem Haiku.

Die Redaktion hat lange überlegt, gewichtet und gewogen, und schließlich brachte das Haiku von Gabriele Hartmann die meisten Punkte auf die Waage. Wir gratulieren herzlich! Das Haiku lautet:

nächtliche Schatten
die alte Spieluhr beginnt
wieder von vorn

Außerdem präsentieren wir noch eine Auswahl von Haiku, die die Jury mehrheitlich als gut gelungen angesehen hat.

Abendspaziergang
nur der Mond begleitet mich
nach Haus

Deborah Karl-Brandt

Gehmeditation
ich stolpre immer wieder
über Gedanken

Kerstin Hirsch

Köstlich, neuer Sake!
Der Mond strahlt mir
nach Hause.

Saskia Ishikawa-Franke

weit weg
von Zuhause
das Mondlicht

Bernd Reklies

voller Mond –
die Stille
finden

Angelica Seithe

Schritt um Schritt
den Augenblick durchmessen
… die vielen Wege

Horst-Oliver Buchholz

in der Fremde
am Licht der Sterne
das Herz wärmen

Anke Holtz

Heimweg
im Gleichschritt
mit der toten Mutter

Eleonore Nickolay

am späten Abend
das erste Mal alleine
zurück nach Hause

Peter Rudolf

Aufruf: Ein Haiku zum Herbst dichten

Seit Jahrhunderten kennt die japanische Tradition ganze Kodizes, die oft viele Hundert *kigo* (Jahreszeitenwörter) umfassen. Eines davon haben wir ausgewählt: *budō* (= Trauben). Als Frucht steht es für den ganzen Herbst, auch für das Einbringen der Ernte, die Lese, sinnbildlich auch für die Früchte der Arbeit. Ein weites Feld mithin, beziehungsreich, ein weiter Raum für eigene Gedanken.

Lassen Sie sich inspirieren und schicken Sie uns Ihr Haiku. Es muss nicht das *kigo* zitieren, aber ein Bezug zur Jahreszeit Herbst sollte erkennbar sein. Wir sind gespannt auf Ihre Texte!

Einsendungen bis zum 15. Oktober

an

redaktion@deutschehaikugesellschaft.de
Stichwort: Haiku zum Herbst

Beiträge zur Mitgliederversammlung

Birgit Wendling

Impressionen von meiner Reise
zur Mitgliederversammlung in Traben-Trarbach

Freitag, 3.5.2019

Das Flair von „Chez Mathieu" bringt einen auf die seltsamsten Gedanken …

> selbes hotel
> andere frau
> regen wie nadelstiche

Samstag, 4.5.2019

Während des Rechenschaftsberichts.

> bunte sockenwolle
> nadeln beiseitegelegt
> ruhe vor dem sturm

Während der Aussprache zum Kassenprüfbericht.

> diskussion
> wogt hin und her
> forderndes ehrenamt

Erschöpft nach der Mitgliederversammlung.

> im buddha-museum
> war ich
> doch nicht

Alternativprogramm statt der gebuchten Führung.

> wetter-allerlei
> regen – schnee – sonne
> kaffee auf der hotelterrasse

Abendessen in der historischen Stadtmühle.

> gemeinschaft
> essen – streiten – dichten
> gelungener tag

Erinnerung an den zuhause gebliebenen Ehemann.

> nachts augencreme
> alles unscharf
> außer dir

Sonntag, 5.5.2019

In Cochem an der Mosel.

> goldregen und ginster
> auf meiner strecke
> zwischen fluss und stein

Umsteigen in Koblenz.

> von 9 auf 3
> gleise – silben
> alles eins

Rechenschaftsbericht
meine Nachbarin zählt die Maschen

unzählbar
die Regentropfen auf dem Gras
Mitgliederversammlung

Moselweinberg
in die Stille huscht
eine Echse

> Ruth Karoline Mieger

alter Weinkeller
der Geschmack
von Dunkelheit

Essen und Lachen –
die offenen Mäuler
Der Forellen

Angelika Holweger

Ellen Althaus-Rojas

DHG-Mitgliederversammlung: Renku – Der Versuch eines atmosphärischen Berichts

Nach der Mitgliederversammlung mit Wahl des neuen DHG-Vorstands war das gemeinsame Renku-Dichten beim Abendbrot eine überaus belebende und unterhaltsame Erfahrung japanischer Poesie. So kam es dazu:

Im Anschluss an den Besuch der Traben-Trarbacher Unterwelt fanden im Restaurant „Historische Stadt-Mühle" Renate Diefenbach, Birgit Lockheimer, Birgit Wendling, Peter Michael Fritsch, Wolfgang Volpers, Martin Thomas, Masami Ono-Feller und Ellen Althaus-Rojas an einem Tisch zusammen. Nach kurzem Gespräch mit Masami darüber, dass Matsuo Bashō (1644–1694) eigentlich ein Renku-Meister war, kam mir spontan die Idee, wo wir alle so gemütlich und heiter zusammensaßen, könnten wir doch die Zeit nutzen und unter fachkundiger Leitung das Erlebte zu einem *renku* (連句: Kettengedicht) verdichten. Über Masamis Gesicht huschte ein Lächeln. Dann berichtete sie sehr persönlich und anschaulich von den Treffen ihrer jährlichen Renku-Gruppen in Japan.

Rasch waren zwischen einem ersten Schluck Moselwein und erstem Gang knapp die Regeln der Renku-Dichtung erklärt, Papier in viele Streifen zerteilt und an alle am Tisch ausgegeben. Die Stifte wurden

11

gezückt, um in die Kettendichtung einzusteigen. Masami erläuterte, was es mit dem *haikai no renga* (俳諧の連歌) auf sich hat, wie sich daraus das moderne Renku entwickelte und welche Bedeutung es heute in Japan besitzt. Dort ist es bei Dichtertreffen üblich, dass der Gastgeber die gesellige Zusammenkunft mit einem *hokku* (発句 zu 5-7-5 Moren eröffnet, wobei dem *kigo* (季語: Jahreszeitenwort) eine große Bedeutung zukommt, weil es dazu dient, alle Teilnehmer unter einer gemeinsamen atmosphärischen Stimmung zu vereinen.

Ein *hokku* galt es nun, also auch in unserem spontanen Renku-Zirkel, als erstes zu finden, natürlich mit passendem Jahreszeitenwort. Masami konsultierte ihr von deutlichen Gebrauchsspuren gezeichnetes *saijiki* (歳時記: Jahreszeitenwörterbuch), um uns infrage kommende *kigo* vorzuschlagen. Wir dachten nach und schrieben auf. Welches *kigo* steht für Frühling, welches gehört schon in den Sommer, wo verläuft die Grenze zwischen den Jahreszeiten, nach japanischer Empfindung, nach unserem Empfinden in hiesigen Gefilden? Lebhafter Austausch begann.

… der Tau des Morgens / Frühlingsgewitter / Sommergewitter / Maitag / Sommertag / Graupel / im Sommer / der Tag verhagelt …? Es wurde überlegt, diskutiert, verworfen und geschrieben. Die Ergebnisse gingen in die erste Bewertungsrunde, alle Gedichte wurden von allen gelesen und in einer zweiten Runde mit Punkten auf der Rückseite der improvisierten Papierstreifen versehen. Mit der höchsten Punktzahl wurden folgende Zeilen gekürt:

Kaltes Kellerloch –
nach tausend Anekdoten
endlich ein Schluck Wein
   Martin Thomas

Martin Thomas hatte damit den Anfang gemacht. Sein *hokku* stand, wenn auch zum Bedauern Masamis, ohne (eindeutiges) Jahreszeitenwort. Sie erzählte von Renku-Treffen in Japan und sprach von ihrem Lehrer und Meister (Hotokebuchi Kengo, Pseudonym „Jyakura"). Wir hörten ihr – soweit akustisch möglich – aufmerksam zu. Martin ergänzte, erläuterte,

12

übersetzte, rückte zurecht. Spannend! Unmerklich verging die Zeit, unterbrochen nur von angestrengten Versuchen des Kellners, Ordnung in die Zuordnung der Weine zu bringen, und von uns, Ordnung in unsere Zettel zu bringen. Nach der Kälte in den Katakomben wurde uns warm und wärmer. Renate Diefenbach und Wolfgang Volpers brachten es mit ihren zweitplazierten Vorschlägen für ein *hokku* auf den Punkt:

Sommergewitter
unter der Uferweide
frierende Schwäne

 Renate Diefenbach

Weißburgunderglanz
Kellergeister entkommen
der dunklen Fäulnis

 Wolfgang Volpers

… und andere am Tisch sahen es so und dichteten:

Frühlingsgewitter
Aufruhr innen und außen
und doch keimt Hoffnung

 (Autor/Autorin leider nicht zuzuordnen)

Im Tau des Morgens
lockt der erste Amselruf
die Tür blieb offen

 (Autor/Autorin leider nicht zuzuordnen)

Einst an der Mosel
ließ man Goethe nächtigen
Graupel im Sommer

 Masami Ono-Feller

Auf meinem Teller,
Nudeln mit Bärlauchpesto
der Tag verhagelt

    Birgit Lockheimer

Doch bis die Teller gefüllt waren, dauerte es noch. Masami rief die nächste
Runde aus. Nun galt es, das *waki* (脇句) zu dichten, entsprechend dem
Versmaß 7-7. Wieder kreisten unsere Papierstreifen, landeten bei Masami,
die – die Qual der Wahl – dank wachsamer Anmerkung Birgit Wendlings
– auf die korrekte Anzahl der Moren reduziert – Martins *hokku* folgende
Zeilen von Ellen als waki hinzufügte:

schwere Schritte unterm Grau
Frühlingsabend ohne dich

    Ellen Althaus-Rojas

Nun kam Bewegung ins Spiel. Folgende *waki* wurden ebenfalls vorge-
schlagen:

Güldener Glanz im Herzen –
welch Karaffenreflexe,

    Birgit Wendling

Glanz in unseren Gläsern,
Glanz in unseren Augen,

    (Autor/Autorin leider nicht zuzuordnen)

jetzt folgen Romane –
Essen wäre mir lieber

    (Autor/Autorin leider nicht zuzuordnen)

Tour d´horizon –
thematisch irgendwo zwischen
Tokio und Traben-Trarbach

    (Autor/Autorin leider nicht zuzuordnen)

Dann kamen die lang ersehnten Speisen endlich auf den Tisch. Während das Besteck schon klapperte, die Gläser klangen, schloss Masami wacker unsere spontane Kettendichtung mit ihrem folgenden *daisan* (第三) zu einem *mitsumono* (三つ物), obwohl sie vorhatte, ein *omoteawase* (表合) aus acht Gliedern zu veranlassen, das heißt von jedem Teilnehmer am Tisch einen Gedichtabschnitt für die Gesamtkomposition zu verwenden:

vor dem Heian-Schrein
trafen der Student und ich
Schirme im Regen

> Masami Ono-Feller
> Stadt-Mühle, Traben-Trarbach, 04.05.2019

sechzehn Verse –
am Ende ein mitsumono
auf unserem Papier

Dazu folgende Erläuterung von Masami Ono-Feller:

Die Form des *mitsumono* (三つ物) gehört zur Renku-/Renga-Tradition. Fast alle heutigen Renku-Dichter senden ein solches *mitsumono* als Neujahrsgruß auf einer Neujahrskarte an ihre Kollegen. Das bezeichnet man als „Neujahrs-Mitsumono" (*saitan mitsumono*:歳旦三つ物). Diese Variante ist die kürzeste Form eines *renku* (連句: Kettengedicht) und besteht aus einem *hokku* (発句: Anfangsglied eines *renku*, 5-7-5), einem *waki* (脇句: zweites Glied eines *renku*, 7-7) und einem *daisan* (第三: drittes Glied eines *renku*, 5-7-5). Von den Dichtern Yosa Buson (1716–1783) und Tan Taigi (1709–1771) sind ausführliche Sammlungen erhalten.

Abschließend ein Wort des Danks allen an diesem Experiment Beteiligten für ihre spontane Bereitschaft, sich unter zugegebenermaßen nicht optimalen Bedingungen auf das Wagnis einer Kettendichtung einzulassen und die entstandenen Texte ohne die Möglichkeit einer nachträglichen Korrektur für diese atmosphärische Momentaufnahme zur Verfügung zu stellen.

Besonders danken möchte ich einerseits Masami Ono-Feller für ihre meisterhafte Leitung unseres Renku-Abenteuers und ihre fachlichen Erläuterungen und andererseits Martin Thomas für seine kompetente Durchsicht und Ergänzung des vorliegenden Berichts.

Collage Traben-Trarbach:
Claudia Brefeld (Fotos: oben links: I. Hofmann / unten links: B. Heid)

Birgit Heid

DHG-Mitgliederversammlung, eine Haiku-Sequenz

Kaum eingestiegen und einen Sitzplatz gefunden nach der Abfahrt an die Mosel.

Zuggeräusche
ihre Rede von Schwangerschaft
und Abtreibung

In Völklingen steigt eine Gruppe junger biertrinkender Männer ein und kommt ins Palaver mit einem älteren Mann. Sie fragen ihn, ob er einst langjähriger Fahrkartenlocher war.

Fahrkartenkontrolle
der Alte hat nur noch
drei Zähne

Der ältere Mann hat es auch faustdick hinter den Ohren.

Zugbekanntschaft
er kommt aus
Mutti

Emiko Miyashita referiert über deutsche und japanische Haiku.

Kalenderhaiku
sie isst den Lebkuchenfisch
von hinten

Abendlicher Moselweg mit Ruth. Wir kommen an zwei Gedenksteinen vorbei. Der eine zeigt die tiefste Moselstelle an.

Hungerstein
sie feiern Niedrigwasser
Auf der Mitgliederversammlung.

Kassenprüfbericht
Aufregung wegen einiger
Schneeflocken

Zu Beginn der Weinkellerführung. Eine gemauerte, vom Wassergrund aus
beleuchtete Quelle, in der fingerdicke, abgefallene Baumwurzeln liegen.
Das Echo des Plätscherns.

Quellenwurzeln
im Tee bäumt sich ein
Regenwurm

Zwischen Mitgliederversammlung und Abendessen.

Alter Weinkeller
die Leere eines
Magens

Eine morgendliche Beobachtung der Stille. Der Vortrag im Rathauswein-
keller.

Pestizid-Drohne
vor dem Abflug berührt die Nilgans
den Fluss

Die leuchtenden Farben des Untersetzers.

Befühle das Weinblatt
unter dem Glas der
ewige Herbst

Ruth erzählt über ihre Führung.

Buddhamuseum
zwischen Gegenspiegeln
ich

Nach dem geselligen Abendessen am Brückentor. Über uns die beleuchte-
te Ruine der Grevenburg.

Nächtliche Burgruine
das neue Kaiserpaar
auf dem Chrysanthementhron

Ich rieche den Duft eines Textilfachhandels hinter der geträumten schwe-
ren Eichentür.

Brückentor
hinter der schweren Tür ein
Herrenbekleidungsgeschäft

Sonntagmorgen. Geheimnisvoll der Nebel im Moseltal hinter den diessei-
tigen Kirschblüten. Mariko Kitakubo bei ihrer Tanka-Performance.

Moseltalnebel
steigt aus dem Bauch der Schlitztrommel

Martin und ich fahren gemeinsam auf dem Heimweg bis Koblenz. Wir
erzählen von unserem sonntäglichen Workshop und Kukai. Wir zeigen
uns je ein Haiku und üben uns im Besprechen der gezeigten Haiku.

Haikubesprechung
zwei Zugreisende
beäugen sich

Ute Kassebaum

DHG-Tagung in Traben-Trarbach im Mai 2019

Ich verlasse die Unterkunft „Zum Anker" vorzeitig, um rechtzeitig am kleinen eingleisigen Bahnhof anzukommen. Heute am Abreisetag scheint die Sonne, die Berghänge leuchten mit ihrem Grün bis ins Tal. Dort an der langsam dahinfließenden Mosel haben zwei Gänse ihr Revier, zwitschernde Vögel singen mir – Unterwelt abgehakt – alte Gerätschaften zurücklassen – leises Erschrecken – was war einmal – es liegt im feuchten Keller verborgen – die Geschichten unter dem Gewölbe zeigen mir Patina mit Modergeruch.

Und nun warte ich auf den Zug, der mich ein Stück weit dem Zuhause näher bringen soll. Obwohl die Zeit gleichmäßig läuft, ist es doch ein sehr unterschiedliches Befinden. Beim Umsteigen zählen die Sekunden der Minute. Zwei junge Mütter kommen mit ihren Kleinkindern in der Karre mit lauter Popmusik auf den Bahnsteig.

Der Zug läuft ein! Es ist interessant, auf den eingleisigen Schienen am Berghang an den kleinen Ortschaften vorbeizufahren. An den Hängen sind die Rebstöcke aufgereiht. Viel Arbeit liegt zwischen dem Wachsen und Ernten der Reben. Ich habe Respekt vor den Menschen, die im Weinberg am steilen Hang arbeiten!

Als ich den Umstieg gut überstanden habe, lasse ich meinen Gedanken freien Lauf.

Ich freue mich, dass ich so viele Gesichter wiedererkannt habe, die ich vor zwei Jahren in Sundern bei der DHG-Tagung schon einmal gesehen hatte.

Ich höre noch einmal den Klang der Stimme von Mariko Kitakubo in ihrer Tanka-Performance, die mich stark beeindruckt hat.

Ich denke an den Abend in der „Zunftscheune" mit der gebratenen Forelle und der gesprächigen Runde und halte nun die Tanka-Anthologie „Gäbe es keine Kirschblüten …" in der Hand, die mir die Fahrt in der Bahn verkürzt.

Ich wünsche allen eine gute Sommerzeit!

Abreise
wir treffen uns wieder
wer weiß

Collage Buddha-Museum: Claudia Brefeld

Silvia Kempen

Kukai auf dem DHG-Treffen im Mai 2019
in Traben-Trarbach

Am 5. Mai von 12 bis 14 Uhr fand in Traben-Trarbach ein Kukai (freies Thema) unter Anleitung der Japanerin Emiko Miyashita und der Moderation von Stefan Wolfschütz statt. Zehn Personen nahmen mit je drei Haiku am Kukai teil (Valeria Barouch, Tony Böhle, Marion Eisenberger, Peter Gooß, Inge M. Hofmann, Ute Kassebaum, Silvia Kempen, Petra Klingl, Martin Thomas und Stefan Wofschütz).

Der Ablauf gestaltete sich folgendermaßen:

Jeder Teilnehmer bekam drei postkartengroße Zettel, auf denen jeweils eins der teilnehmenden Haiku aufgeschrieben wurde. Zusätzlich notierte jeder seine drei ausgewählten Haiku und seinen Namen auf ein DIN-A4-Blatt. Die einzelnen Haiku-Blätter wurden gefaltet und in eine Box gelegt, aus der jeder Teilnehmer anschließend drei Zettel zog.

Die Haiku von diesen drei Zetteln wurden jeweils auf ein zweites DIN-A4-Blatt geschrieben und dann im Uhrzeigersinn weitergegeben. Jede Person notierte sich die Haiku, die er bepunkten wollte. Das ging so lange, bis das Ausgangsblatt wieder bei der jeweiligen Person angelangt war.

Von den jeweils ausgesuchten Haiku durften jetzt vier mit einem Punkt bewertet werden, die dann wiederum auf einem dritten DIN-A4-Blatt vermerkt wurden. Diese Blätter wurden dann eingesammelt.

Der jüngste Teilnehmer der Runde wurde gebeten, diese Haiku nach und nach vorzutragen. Nach jedem Haiku meldete sich die Autorin/der Autor und konnte sich dann den Punkt notieren.

Insgesamt wurden 40 Punkte vergeben, die sich wie folgt aufteilten:

5 Punkte:

das Geräusch des Regens
auf dem Schirm
trägst du es fort

Tony Böhle

4 Punkte:

Abend
zwischen dem Schilf
eine Gummiente

Petra Klingl

3 Punkte:

Keine Worte
für den Frühling
die Leberwerte

Stefan Wolfschütz

Moselfrühstück –
zwei Spiegeleier und
eine Aspirin

Martin Thomas

aufziehender Orkan –
am Fenster
die Prelude aus Regentropfen

Tony Böhle

Reiherhälse –
zum Äußersten gespannt
die Mäusefallen

Valeria Barouch

Maulwurfshügel
beobachten
den Schnee

Petra Klingl

unterm Feigenbaum
mit der flachen Hand über
den Bauch des Buddha

Silvia Kempen

ein Sterbelied tönt
zwischen all dem Frühlingsgrün
die kahle Linde

Silvia Kempen

2 Punkte:

Trabener Unterwelt –
fernes Lachen
aus staubigen Fässern

Martin Thomas

Verbeugung vor dem Buddha –
der schmerzende Rücken
lehrt Achtsamkeit

Tony Böhle

Ein kleiner Käfer
auf der Gartentürschwelle
wiegt seinen Kopf

Peter Gooß

1 Punkt:

Farbenrausch
der Weiher im Wald
spiegelt den Frühling

Ute Kassebaum

ans fenster fliegen
wie eine feder im traum
ob jemand öffnet

Inge M. Hofmann

Schlummer unter
der leichten Sommerdecke
nicht ganz ohne

Peter Gooß

Windstöße –
aus dem Rinnstein Salven
von Kirschblüten

Valeria Barouch

0 Punkte:

Warum
ist die Paprika
so laut

Stefan Wolfschütz

Erster April
kein Scherz
Kirschblüten

Stefan Wolfschütz

noch ist es winter
aber das licht kommt zurück
singen die vögel

Inge M. Hofmann

frische des morgens
es beginnt ein neuer tag
wolken färben sich

Marion Eisenberger

Durch das Fenster fällt
Dir Tageslicht – des nachts
Suchenden deines

Peter Gooß

lila blütenpracht
gebändigt in der vase
sommervorboten

Marion Eisenberger

stille im hafen
die netze ruhen heute
feiertagsfreude

Marion Eisenberger

den Morgen schauen
ganz still
der Wind tanzt sein Lied

Ute Kassebaum

Teezeremonie
andächtig der Vögel Gesang
Stille die wir fühlen

Ute Kassebaum

Maisonne –
der Bock macht's sich gemütlich
auf dem Logenplatz

Martin Thomas

truppenübungsplatz
neue heimat für wölfe
hier jagt sie keiner

Inge M. Hofmann

Kornkreise
auf Eis
Waren sie schon wieder da?

Petra Klingl

Bienen im Anflug –
er hält seinen Mittagsschlaf
auf dem Nagelbrett

Silvia Kempen

Herbstgras sicheln –
der Bach wächst wieder in die Breite
Schopf um Schopf

Valeria Barouch

Haiku und Foto: Angelika Holweger

Haiku-Kaleidoskop

Klaus-Dieter Wirth

Grundbausteine des Haiku (XXXVII)
dargestellt an ausgewählten Beispielen

Satzform

Ein wesentliches Strukturmerkmal des Haiku ist bekanntlich *kire*, der Einschnitt, für dessen Markierung im Japanischen sogar die einmalige Wortart der *kireji*, Schneidewörter, zur Verfügung steht. Als Folge ergibt sich eine Zweiteilung, die oft zu einer Juxtaposition bzw. Kontrastierung (vgl. Grundbaustein II) unterschiedlicher Inhalte führt. Daneben sind aber durchaus auch schon in der japanischen Haiku-Literatur Beispiele zu finden, die sich nur mit *einem* durchgehenden Thema (*ikku isshôtai*) befassen, letztlich mehr oder weniger in Form eines Satzes.

Bei der eigenständigen Übernahme des Haiku in der westlichen Welt – namentlich in den 60er bis 80er Jahren des vorigen Jahrhunderts – tauchte diese Form sogar vermehrt auf, ehe sie dann sozusagen ganz in Misskredit geriet und nur noch von einzelnen Befürwortern weiter angewendet oder gar propagiert wurde. Der typischste Vertreter dieser Entwicklung war wohl der US-Amerikaner James William Hackett, nach dem britischen „Haiku-Papst" Reginald Horace Blith und dem Amerikaner Harold Gould Henderson einer der drei Haiku-Pioniere nach dem Zweiten Weltkrieg. So brach etwa auch Michael Mc Clintock, ein anderer bekannter amerikanischer Haiku-Autor, ausdrücklich eine Lanze für James W. Hackett und das Haiku in der Form eines vollständigen Satzes[1].

Natürlich läuft das Ein-Satz-Haiku in erster Linie Gefahr, als bloße Prosa angesehen zu werden, wovor es ein Kireji gleichsam automatisch bewahrt. Und dennoch zeigen bereits japanische Beispiele, dass ein gut komponiertes Haiku auch in dieser Form die nötigen Pausen einlegt, um

---

[1] Mc Clintock, Michael: in *Hermitage*, Vol II, Constanţa, 2005, S. 186

zu dem gewissen notwendigen Überraschungseffekt (vgl. Grundbaustein I) zu gelangen. Schon Matsuo Bashô soll laut seinem Meisterschüler Takarai Kikaku gesagt haben, dass einige Verse „geschnitten" erscheinen, wohingegen andere es nicht zu sein scheinen und die es trotzdem sind[2].

Selbstverständlich lesen sich „ungeschnittene Haiku"[3] naturgemäß flüssiger als solche, die sich an der gängigen *Fragment and Phrase*[4]-Vorgabe von Jane Reichhold[5] orientieren. Nichtsdestoweniger können sie genauso wirkungsvoll und erfolgreich sein wie ihre „geteilten Geschwister". Als Beispiel möge eins der bekanntesten Haiku des frühen amerikanischen Haiku-Pioniers Jack Kerouac dienen:

In my medicine cabinet	In meiner Hausapotheke
the winter fly	ist die Winterfliege an
has died of old age	Altersschwäche gestorben

Kein Einschnitt, eine einfache Feststellung (vgl. Grundbaustein XI), verteilt auf drei Zeilen. Dennoch funktioniert dieses Haiku für Lynne Rees auch heute noch:

„… denn da ist eine hinreichende Gegenüberstellung von Bildlichkeit und Idee, die mich auf mannigfache Weise intellektuell und gefühlsmäßig in ihren Bann zieht. Da ist die Ironie, dass etwas in einer Hausapotheke stirbt. Da ist der Augenblick, wo menschliche Erfahrung eine nicht minder bedeutsame Erfahrung in der Insektenwelt widerspiegelt. Da ist der Hinweis, dass der Tod zu uns allen kommt trotz aller Versuche, ihn auf Distanz zu halten. Und da ist die Präzisierung ‚in *meiner* Hausapotheke', die das Augenblickserlebnis zu einem persönlichen macht, es dem ‚Winter' gegenüberstellt, der die universellen Erfahrungen des Alterns und Sterbens beinhaltet und symbolisiert. … Das Fehlen jedweder Pause zwischen den Zeilen begünstigt zudem die Konzentrierung auf die Gefühlsregung, auf die es ankommt."

---

[2] Pettit, Dick: in Blithe Spirit, Vol 24, No 4, S. 62

[3] Rees, Lynne: ‚haiku un-cut' in Blithe Spirit, Vol 24, No 3, S. 56–60

[4] „Bruchstück plus satzähnliche Aussage"

[5] Reichhold, Jane: Writing and Enjoying Haiku. A Hands-on Guide, Tokyo (Kodansha International) 2002 oder http://www.ahapoetry.com/Bare%20Bones/BBless5.html

Das Haiku in Satzform erfordert auf jeden Fall erhöhte Achtsamkeit im Hinblick auf den Einsatz poetischer Mittel. Neben überzeugendem Rhythmus, Klang und Geschick in der Wortwahl sind vor allem wohl eingerichtete Zeilensprünge von entscheidender Bedeutung. Formal fungieren sie unter Umständen sogar als ein doppeltes Luftholen, jedenfalls als kürzeres Anhalten im Sinne eines wenn auch kleineren Einschnitts; inhaltlich wecken Enjambements gewisse Erwartungen, bauen Spannung auf und bereiten Überraschungen vor.

Zum Typus der Satzform wird in unserem Fall auch ein elliptischer Satz gezählt, d. h. einer, bei dem das sozusagen mitverstandene Verb fehlt, ansonsten aber die grammatische Struktur ganz den gängigen Erwartungen entspricht.

Noch eine Beobachtung am Rande: Im niederländischen Sprachraum ist der Typus des Haiku in Satzform auffallend häufig anzutreffen, und das mit durchaus überzeugenden Beispielen.

Under the cherry blossom
complete strangers
don't exist[6]

    Kobayashi Issa (JP)

Unter Kirschblüten
gibt es einfach keine
völligen Fremden

Le combat de taureaux terminé
le ciel paraît
sec[7]

    Madoka Mayuzuni (JP)

Nach der Beendigung des
Stierkampfs
erscheint der Himmel
trocken

---

[6] Übersetzer unbekannt. Das japanische Original lautet: hana no kage /.aka no tanin wa / nakari keri./ Als eins der bekanntesten Haiku des Autors wurde es entsprechend oft übersetzt. Von den 7 mir vorliegenden Versionen sind 6 in Satzform!

[7] Übersetzung von Corinne Atlan

gojû no to no
shu wa akakarazu
fuyubi otsu
    Abe Midorijo (JP)

others gone home
now there's nothing between
the moon and me[9]
    Enomoto Seifu (JP)

the bachelor
feeling lonesome
plays with his flute[10]
    Shun'u (JP)

Laut, als sähe sie
ihres Käfigs Stäbe nicht,
singt die Nachtigall![11]
    Sumi Taigi (JP)

die antwort
der löwenzahnwiese
bevor ich fragte
    Bernadette Duncan (DE)

Das Rot der fünfstufigen Pagode
verblasst in der
sinkenden Wintersonne[8]

nachdem die anderen heim sind
ist nun nichts mehr zwischen
dem Mond und mir

der Junggeselle
der sich einsam fühlt
spielt mit seiner Flöte

Zwischen Farbkübeln
das Weiß
der Orchidee
    Ruth Franke (DE)

---

[8] Übersetzer unbekannt

[9] Übersetzung von Adam L. Kern

[10] Übersetzung von Adam L. Kern. Im Übrigen gehört dieses Haiku letztlich zu der extravaganten Untergruppe der bareku, der „Unter-der-Gürtellinie"-Texte. Der Terminus wurde erst 1956 von Okada Hajime geprägt. Zuvor verwendete man die Bezeichnungen aiku (Liebesvers), iroku (Erotikvers) oder waraiku (Schmunzelvers). Vgl. The Penguin Book of Haiku, ed. Adam L. Kern, Penguin Random House UK 2018, S. XXXVI, LVI und 399 f., ISBN 978-0-140-42476-8

[11] Übersetzung von Gerolf Coudenhove

Aus reifendem Reis
erhebt sich der Fujisan
in die Götterwelt.
    Richard W. Heinrich (DE)

niemand liest mehr
im garten gegenüber
die äpfel auf
    Kerstin Hirsch (DE)

Der Ton
im Rascheln der Zweige
gibt der Stille ihren Klang!
    Gerlinde Meier (DE)

eine Schnecke quert
auf regennasser Fahrbahn
eine Reifenspur
    Klaus-Dieter Wirth (DE)

Ergens in de thee
moet de glimlach nog zijn die
de koopman meewog.
    Frank Berkelmans (NL)

Irgendwo im Tee
muss das Lächeln noch sein das
der Kaufmann mitwog.

Op de achterkant
van de doodsbrief tekende
mijn kleinzoon een zon.
    Willy Cuvelier (BE)

Auf die Rückseite
des Trauerbriefs zeichnete
mein Enkel eine Sonne.

Met najaarstinten
vult de herstwind het mandje
van de tuinkabouter.
    Maria De Bie-Meeus (BE)

Mit Spätjahresfarben
füllt der Herbstwind das Körbchen
des Gartenzwergs.

huilend komen ze
uit de behandelkamer
met een lege riem
    Ria Giskes-Pieters (NL)

heulend kommen sie
aus dem Behandlungsraum
mit einer leeren Leine

een zucht van de wind
fluistert hoezeer daarginds
de dennen geuren
    Lieve Mignon (NL)

ein Seufzer des Winds
flüstert wie sehr da drüben
die Tannen duften

Het teddybeertje
daar in het andere bed
kan ook niet slapen.

    Siem van den Nieuwendijk (NL)

In the quiet pond
even the touch of a moth
shatters the full moon

    Eric Amann (CA)

inside of me
a silkworm
spits out the night[12]

    Fay Aoyagi (US)

on the misty pear
all of a sudden buds
burst into sparrows

    David Cobb (GB)

with global warming
„seasonal" haiku become
less seasonal

    Royal T. Fruehling (US)

Half of the minnows
within the sunlit shallow
are mot really there.

    James W. Hackett (US)

Der kleine Teddy
da im anderen Bett
kann auch nicht schlafen.

Im stillen Teich
erschüttert sogar die Berührung
einer Motte den vollen Mond

in meinem Inneren
spuckt eine Seidenraupe
die Nacht aus

im umnebelten Birnbaum
zerbersten urplötzlich
Knospen zu Spatzen

mit der Erderwärmung
werden Jahreszeitenhaiku
weniger jahreszeitlich

Die Hälfte der Elritzen[13]
im sonnenbeschienenen
Flachwasser
sind in Wirklichkeit nicht da.

---

[12] Sogar Gendai-Haijin (Vertreter der sog. Modernen Haikuausrichtung), zu der die Autorin allerdings nicht direkt gehört, benutzen gelegentlich die Satzform.

[13] Die Elritze (Phoxinus phoxinus), auch Bitterfisch, Maipiere oder Pfrille genannt, ist ein kleiner Schwarmfisch aus der Karpfenfamilie.

These hills
have nothing to say
and go on saying it
    Ken Jones (GB)

slipping off the branch
the snow finally reaches
its destination
    Priscilla Lignori (US)

cars race noisily
into
the gentleness of drizzle
    Martin Lucas (GB)

the stillness
of butterfly wings
reaches my hammock
    Michael Morell (US)

morning glory vines
in through the windows
of the old prison
    Bonnie Steperoff (US)

For the circus clown
summer is the long season
of his painted smile
    Adele Wirtz (US)

D'une mare à l'autre
il passe incognito
le crapaud des joncs
    Anne Brousmiche (FR)

Diese Hügel
haben eigentlich nichts zu sagen
und fahren doch fort es zu sagen

vom Ast abgleitend
erreicht der Schnee schließlich
seine Bestimmung

Autos rasen mit Getöse
in
den sachten Sprühregen

die Stille
von Schmetterlingsflügeln
erreicht meine Hängematte

Winden ranken
durch die Fenster
in das alte Gefängnis

Für den Zirkusclown
ist der Sommer die lange Jahreszeit
seines geschminkten Lächelns

Von einem Tümpel zum anderen
wechselt sie inkognito
die Kreuzkröte

Un moineau s'envole
d'une poche du manteau
de l'épouvantail

 Robert Davezies (FR)

sur le parvis du temple
le héron se pose
avec la blancheur du ciel

 Geneviève Fillion (FR)

Le soir les nuages
avaient peint un Constable
le soleil un Turner.[14]

 Germain Rehlinger (FR)

Le cygne
interroge du cou
le mystère du lac

 Christophe Rohu (FR)

Olas de espigas
columpian en los campos
el sol de julio

 Herme G. Donis (ES)

En la hoja seca
que arrastra el río
viaja una hormiga.

 Emilio Gavilanes (ES)

Ein Sperling fliegt
aus der Manteltasche
der Vogelscheuche

auf dem Tempelvorplatz
lässt er sich nieder der Reiher
mit dem Weiß des Himmels

Am Abend haben die Wolken
einen Constable gemalt
die Sonne einen Turner.

Der Schwan
untersucht mit dem Hals
das Geheimnis des Sees

Ährenwogen
wiegen auf den Feldern
die Julisonne

Auf dem trockenen Blatt
das der Fluss mit sich fortführt
reist eine Ameise.

---

[14] John Constable (1776–1837) und Joseph Mallord William Turner (1775–1851) waren
einflussreiche britische Landschaftsmaler der romantischen Epoche.

Morning peeps
into the children's room
still full of dreams.[15]

    Zdravko Kurnik (HR)

Each snowflake
flies its own way into
the same whiteness[16]

    Darko Plažanin (HR)

The power plant chimney
filling the sky field
with a herd of clouds[17]

    Stjepan Rožić (HR)

El agua pasa,
por debajo del puente,
del sol a la sombra

    María Sánchez Royo (ES)

Der Morgen lugt
in das Kinderzimmer
noch voll von Träumen.

Jede Schneeflocke
fliegt auf ihre Art ins
gleiche Weiß

Der Kraftwerkschornstein
füllt das Feld des Himmels
mit einer Herde Wolken.

Das Wasser fließt
unter der Brücke hindurch
von der Sonne zum Schatten

---

[15] Übersetzer unbekannt
[16] Übersetzer unbekannt
[17] Übersetzt von Đurđa Vukelić Rožić

Eleonore Nickolay

Die Französische Ecke

Könnte es für die Juli-Ausgabe einer Zeitschrift etwas Passenderes geben als das Thema „Reise"? Und ist das Haiku nicht das Genre par excellence, um Reiseeindrücke festzuhalten? Geneviève Fillion bezeichnet es in ihrem Editorial der Nummer 64 von *Gong*, der Zeitschrift der Frankofonen Haiku-Gesellschaft, als „geo-poetisch", weil es unmittelbar an die Poesie des Ortes gebunden sei. Eine ausführliche Beschreibung der japanischen Reisedichtung *michiyuki-bun*, die auf eine Jahrhunderte alte Tradition zurückgeht, liefert uns Danièle Duteil, wobei sie sich auf ein Werk von Jacqueline Pigeot stützt. In einem Haibun schildert Geneviève Fillion die Eindrücke ihrer Japanreise, die sie von Tokyo und Kyoto bis in die japanischen Alpen und die Region von Tohoku führte. Jean Antoninis Beitrag zum Thema kommt einer Zeitreise gleich, die er mit einigen Haiku von Bashō beginnt, um dann zu Beginn des 20. Jahrhunderts mit Paul-Louis Couchoud fortzufahren, der das Haiku in Frankreich zuerst bekannt machte, als er mit Freunden auf einer Bootsfahrt die ersten französischen Haiku dichtete. Julien Vocances Haiku aus den Schützengräben des Ersten Weltkrieges findet Jean Antonini in diesem Zusammenhang ebenfalls erwähnenswert. Weiter geht es nach Amerika, wo 1957 Jack Kerouac in seinem Roman „On the road" seine ersten Haiku veröffentlichte und so das japanische Gedicht in Amerika populär machte. Der Beitrag endet in der Gegenwart mit einigen zeitgenössischen Haiku zum Thema „Reise":

Roulant dans le train
impossible de dépasser
la lune

    Jean-Paul Gallmann

im Zug
unmöglich den Mond
zu überholen

Paris Saigon –
Je cale mes rêves
entre deux ailes

    Christiane Ranieri

Paris Saigon –
Ich stopfe meine Träume
zwischen zwei Flügel

J'inspire l'air   Ich atme die Luft ein
le gardant le plus longtemps —   behalte sie so lang wie möglich –
dernier soir en Suisse   letzter Abend in der Schweiz

    Iocasta Huppen

Und hier noch einige Beispiele aus der Haiku-Auswahl zum Thema:

vol de nuit   Nachtflug
à une heure qui n'existe pas   zu einer Stunde, die es nicht gibt
prendre un souper   das Abendessen

    Bikko

sur les épaules   auf den Schultern
de quatre hommes forts   von vier starken Männern
son dernier voyage   seine letzte Reise

    Daniel Birnbaum

ralentir un peu   langsamer fahren
l'autoroute entre deux murs   die Autobahn zwischen zwei
de coquelicots   Mohnblumenmauern

    Dominique Champollion

Face au Mont-Blanc   vor dem Mont Blanc
au dos d'une carte postale   auf der Rückseite einer Ansichtskarte
écrire un haïku   ein Haiku schreiben

    Françoise Deniaud-Lelièvre

décalage horaire   Zeitverschiebung
le soleil n'en finit plus   die Sonne hört nicht mehr auf
de se coucher   unterzugehen

    Geneviève Rey

Masami Ono-Feller

Die Jahreszeiten und das Jahreszeitengefühl im deutschsprachigen Raum – Teil II

(Mit freundlicher Genehmigung der Vierteljahresschrift „Kigo kenkyu-kai [Arbeitsgemeinschaft für Jahreszeitenwörter]" Nr. 164 vom 30.09.2018, Tokyo, erweiterte Fassung)

2018 fand die FIFA-Fußball-Weltmeisterschaft (WM), die alle vier Jahre im Sommer ausgetragen wird, in Russland statt. Auch in Japan sind viele Fans mitten in der Nacht aufgestanden, um die Liveübertragung zu verfolgen. Persönlich fing meine Begeisterung für die WM im Jahr 2002 an, als Südkorea und Japan, dann vor allem 2006 Deutschland jeweils Gastgeber waren (ich lebe in Deutschland). Die Redaktion der monatlichen Begleitzeitschrift einer Sprachsendung des öffentlichen Fernsehsenders NHK – etwa der ARD vergleichbar – bat mich, je eine halbjährige Serie von WM-Artikeln zu schreiben, um über die Atmosphäre in Deutschland vor und während der WM zu berichten. Für NHK hatte ich bereits mehrere Essayserien über deutschsprachige Regionen und Länder zu unterschiedlichen Themen verfasst. Bei diesen WM-Projekten hatte ich das Glück, mit der großartigen und äußerst unterstützenden „Kicker"-Redaktion zusammenarbeiten zu können.

Dass es in Deutschland eine hohe Fußballbegeisterung gibt, war mir also sehr vertraut, und auch dass in Deutschland Haiku geschrieben werden, wusste ich. Dennoch habe ich bei der letzten WM überhaupt nicht damit gerechnet, dass ich eine „WM-Haiku-Diskussion" in einer deutschen überregionalen Tageszeitung lesen würde, und zwar in der Frankfurter Allgemeinen Zeitung (FAZ, 21.06.2018). Die Form der „Diskussion" war der 13-teilige Comic „STRIZZ" von Volker Reiche!

Der Hintergrund: Der Weltmeister Deutschland ist 2018 – zum ersten Mal in der Geschichte – bereits in der Gruppenphase, also quasi in der Aufwärmphase, ausgeschieden. Die japanische Mannschaft, die beim Publikum einige Sympathie genoss, erreichte dagegen das Achtelfinale und schoss dabei sogar die ersten Endrunden-Tore ihrer Geschichte, bevor sie nach Hause flog.

Bei „STRIZZ“ sagt der große Wachhund Tassilo im ersten Bild zum Nachbarshund namens Müller: „Wollen Sie ein WM-Haiku hören, Müller?“ und betont, dass das ein Original-Haiku von ihm selbst sei. Neben Müller sitzen ganz gespannt ein schwarzer Kater, ein Hahn und ein Vogel aus der Nachbarschaft vor Tassilo.

Bevor Tassilo sein Haiku vorträgt, sagt er: „Ein Haiku zu Ehren Japans!“. Der Autor scheint gute Haiku-Umfeld-Kenntnisse zu besitzen. Denn diese Zeile besagt, dass Tassilo sein Gedicht zu einem bestimmten Anlass gedichtet hat. Im Japanischen nennt man diese Form der Ankündigung „Kotobagaki“ („Vorspann“), den auch Bashō vor zahlreichen seiner Haiku verwendet hat (wie Nr. 35, 37, 39, 40 usw. in „HAIKU“, Reclam, 2017). Der „Vorspann“ dient dazu, den Lesern etwas über den Entstehungshintergrund des kurzen Gedichtes zu informieren. Allerdings sind damit keine Banalitäten gemeint wie „In unserem Urlaub“ oder „Zum Geburtstag meines Mannes“, was man sowieso aus dem Gedicht selbst erfahren könnte oder sollte. Im deutschsprachigen Raum ist dieser „Vorspann“ eher unüblich. Vielleicht, weil man von Anfang an etwas Zeitloses oder „Philosophisches“ dichten will? Übrigens ein nicht zu unterschätzender Unterschied zwischen dem meist konkreten japanischen und dem hin und wieder eher einer Spruchweisheit ähnelnden deutschsprachigen Haiku.

Das Haiku entstand aus dem „Hokku“, dem Anfangsglied eines Kettengedichtes mit 5-7-5 Moren.

Kurz zur Erinnerung, die Japaner zählen keine Silben, sondern Moren, das sind Längeneinheiten. Beispiel: „Schloss“ und „Schoß“ sind jeweils Wörter mit einer Silbe. Aber das kurze „Schloss“ entspricht einer More, während das gedehnt gesprochene „Schoß“ zwei Moren zählt. In westlichen Sprachen zählt man jedoch keine Moren, sondern Silben. Das ist ein wesentlicher Unterschied, der u. a. aus den verschiedenen Grundlagen der Sprachen herrührt und deshalb durchaus sinnvoll ist.

Beim gemeinsamen Verfassen dieses Kettengedichtes, jetzt „Renku“, früher „Renga“ genannt, kamen mehrere Dichter zusammen, zum Teil zum ersten Mal. Hier dient dieses erste Glied (5-7-5) als Reverenz an die Dichterrunde bzw. für den Gastgeber. Es enthält ein Jahreszeitenwort.

Also eine Einführung, mit der der erste Dichter quasi der Freude des Zusammenkommens zu dieser Jahreszeit Ausdruck gibt. Übrigens auch in der Kommunikation in Europa ist es gängig, dass man oft zuerst vom Wetter oder Ähnlichem redet und nicht sofort „zur Sache" kommt. So können die Leser durch den Vorspann und das Jahreszeitenwort beim Lesen des Gedichtes die betreffende Jahreszeit seiner Entstehung und die jahreszeitliche Atmosphäre nachvollziehen, als wären sie dabei gewesen. Auf die Tradition des „Vorspanns", des „Jahreszeitenwortes" und dieser Moren-Gliederung komme ich später noch zu sprechen, denn sie tragen eine tiefe Tradition in sich, die mehr als 1.300 Jahre zurückreicht. Diese muss man kennen, weil viele japanische Dichter immer wieder auf dieses Wissen zugreifen und darauf anspielen. Wer nicht weiß, worauf sie jeweils anspielen, wird ihre Gedichte nicht erfassen. Es reicht also keineswegs, „zu wissen, wo man nachschaut", sondern man muss es kennen, sonst macht es nicht „klick". Der Dichter schreibt ja nicht: „Ich spiele jetzt auf xy an." Bildung ist hier also ein lebendiges Referenznetzwerk, aus dem heraus alles erst entsteht, was diese Art von Dichtung ausmacht.

Zurück zum Hund Tassilo des Comics. Sein „Haiku" wird vorgetragen. Es ist ein Gelegenheitsgedicht ohne Jahreszeitenwort. Der Nachbarhund lobt: „Das Silbenmaß scheint mir vorzüglich getroffen! 5-7-5, wenn ich richtig mitgezählt habe." Da greift der schwarze Kater ein und sagt etwas Wichtiges bei der Betrachtung des Gedichtes, und zwar verlangt er, kein „wohlfeiles Rumgesülze", sondern „glasharte Lyrikkritik". Das ist es, was bei einem eigentlichen „Kukai" (Haiku-Dichtertreffen) angestrebt wird, was umso bemerkenswerter ist, als man in Japan direkte Kritik eher selten ausdrückt. Aber Lyrik auf hohem Niveau ist kein Wellnessbad. Beim Kukai wird nicht einfach jedem Dichtenden geschmeichelt, sondern die von jedem mitgebrachten Haiku werden von allen (sachkundigen) Anwesenden, stets wohlwollend und in sprachlich kultivierter Form, jedoch inhaltlich für den „Dichter" manchmal hart, kritisch begutachtet. So kann jeder Kukai-Teilnehmer etwas von diesem Treffen nach Hause mitnehmen, um beim nächsten Dichten für die Leser ein vielleicht verständlicheres, stilistisch stimmigeres oder als Lyrik ausgereifteres Gedicht verfassen zu können. Der berühmte Haiku-Dichter Bashō und seine Schüler haben das ebenso praktiziert. Dabei hat Bashō nicht immer die Lehrer- bzw. Meister-Rolle gespielt, sondern oft und oft die Meinungen seiner Schüler zu seinen Gedichten erfragt, manchmal sogar die Kritik angenommen. Ein ideales Kukai wird nicht von oben herab vom „Lehrer“ zu den „Anfängern“ geleitet, sondern es geschieht im gemeinsamen Meinungsaustausch der Teilnehmer. Wichtig bei diesen Treffen ist jedoch, dass man sich nicht in Rechtfertigungsdiskussionen verliert, sondern dass man die Kritik der anderen aufmerksam anhört. Man muss sie nicht teilen, aber zuhören sollte man stets. Ein Haiku wird nicht ausdiskutiert, sondern man erfährt in einem Kukai, wie es ankommt. Um aber jetzt schon einem Missverständnis vorzubeugen: Natürlich gibt es unterschiedliche Kompetenzen, und die Stimmen haben unterschiedliches Gewicht. Ein Kukai ist weder Kaffeekränzchen noch Stammtisch.

Noch mal zurück zum Comic. Der schwarze Kater sagt noch etwas, was beim Verfassen des „Haiku“ wichtig ist. Er lobt, dass Tassilo in seinem Gedicht über die deutsche Nationalmannschaft nicht hämisch hergezogen ist. Wie ich oben geschrieben habe, hat das Haiku seinen Ursprung im ersten Glied einer gemeinsamen Kettendichtung. Also gehört es sich nach japanischer Vorstellung nicht, dass man den eigenen Unmut einfach „rauslässt“. Das ist sozusagen ein Gegenmodell zu heutigen, für mich oft sehr fragwürdigen Social-Network-Gepflogenheiten. Die Geschichte der Haiku-Dichter zeigt: Man kann auch zivilisiert miteinander umgehen und trotzdem nichts unter den Tisch kehren.

Haiku dichtet man oft nicht nur für sich (dann würde man sie nicht veröffentlichen), sondern unter der Voraussetzung, dass sie gelesen werden. Die meisten Haiku-Dichter wollen sicher wahrgenommen werden, manchmal von einem einzigen Leser, manchmal von einem kleinen oder einem größeren Leserkreis. So sind wir also beim Dichten in gewisser Weise stets „in Gesellschaft“. Selbstverständlich kann man dabei auch inhaltlich mal Gesellschaftskritisches dichten — wie Bashō oder Issa. Man kann in die Runde eine kritische Frage oder eine Zustimmung werfen, aber sollte nicht jemanden persönlich angreifen (vgl. Nr. 38, 57, 64, 81, 175, 180, 191 usw. „HAIKU“, Reclam, 2017). Das lässt sich leicht aus der Geschichte des Haiku als Anfangsglied eines gemeinschaftlichen Kettengedichtes herleiten. Man will die anderen Mitdichter nicht durch eine Attacke zum Streit oder zum Verstummen bringen, sondern im Gegenteil zum gemeinsamen Weiterdichten anregen. Man könnte sagen: Die Kunst besteht darin, die Teilhabe der anderen an den eigenen Gedanken auszulösen. Und vergessen wir nicht, gemeinsames Dichten soll *ästhetisch* Freude machen und ist kein sozialkritischer Workshop. Wir haben es mit Gedichten, nicht mit Prosa zu tun. Es geht immer um die ästhetische Gestalt eines Gedankens. Wer dozieren will, soll einen Aufsatz schreiben.

Zum Wort „Fußball", weil es ein gutes Beispiel für den Bedeutungs- und Funktionswandel von Wörtern im Haiku ist und einen Blick auf dessen innere Dynamik freigibt. Im Japanischen heißt Fußball lautmalerisch „Sakkā", vom englischen „Soccer" abgeleitet: Dieses Wort gehört in Japan erstaunlicherweise zu den Jahreszeitenwörtern für Winter. In den meisten „Saijiki" (Bücher mit nach Jahreszeiten gegliederten Jahreszeitenwörtern mit Beispielen) und „Kigo-jiten" (Wörterbücher mit Jahreszeitenwörtern) wird das Wort so oder ähnlich kommentiert: „Winter, jedoch dieses Jahreszeitengefühl ist heute am Verschwinden" (Kigo-jiten „Jyūshichi-ki", 2007, Sanseidō).

Der Fußball als Sport soll Ende des 19. Jh. in Japan eingeführt worden sein. Aber erst 2002, nach der Austragung der WM in Japan und Korea, weckte der Fußball das Interesse großer Bevölkerungskreise. Hier scheint die Absicht der FIFA in Fernost wie geplant aufgegangen zu sein, denn davor war der Sport Nr. 1 in Japan der aus den USA eingeführte „Baseball".

Ich weiß nicht, wann das Wort „Fußball" zum ersten Mal in einem Haiku eingesetzt wurde, wann es in das „Kigo-jiten" aufgenommen und warum es dem „Winter" zugeordnet wurde. Womöglich, weil man erst im Winter auf den abgeernteten Feldern spielen konnte? Heute scheint mir „Fußball" kein echtes Jahreszeitenwort mehr zu sein. Ein schönes Beispiel, wie sich das Gewicht von Wörtern im Lauf der Zeit ändern kann. Wer weiß, vielleicht zieht eines Tages die Klimaerwärmung auch hier ihre Spur.

Weitere Jahreszeitenwörter, die sich in ihrem Bedeutungsgewicht verändern, sind „Erdbeere" oder „Rose". Traditionell gab es sie nur im

Sommer. Man kann sie inzwischen jedoch das ganze Jahr über kaufen. Wer hat bei diesen Wörtern noch echte Jahreszeitengefühle? Hier scheint sich in Deutschland zwischen der „älteren" Generation und der „jüngeren" Generation etwas zu verschieben. Bei den Wörtern „Erdbeere" oder „Rose" macht es bei vielen nicht mehr „klick". Vielleicht verbindet heute mancher das Wort „Rose" eher mit dem Valentinstag, der in den späten Winter fällt (Februar)? Da ich selbst jedoch ganz bewusst nicht alles das ganze Jahr über kaufe und so für mich nicht alles in erlebnislose Beliebigkeit zerfällt, gehören für mich „Rosen" weiterhin zum Sommer, der dem abschiednehmenden Herbst vorausgeht. Das beeinflusst auch den Bedeutungshorizont des folgenden Haiku von Georges Hartmann. Versteht man hier die Rosen z. B. als Valentinstagrosen, fehlt ihm die starke Melancholie, die es als Spätsommergedicht hätte und die etwas von der Vergänglichkeit in sich trägt. Ein richtig oder falsch gibt es hier nicht, denn beide Lesarten und noch andere sind möglich. Aber je nachdem ist es ein erheblich anderes Gedicht, auch mit einer anderen „Tiefe".

Jetzt, da du fort bist,
sind die Rosen voll erblüht.
Wollt's dir noch zeigen.

Im nächsten Essay würde ich gern etwas über die Wirkung der 5-7-5-Form im Japanischen schreiben und so eine interessante Leserfrage beantworten.

Neue DHG-Mitglieder

Neue Mitglieder in der DHG

im ersten Halbjahr 2019 – zusammengestellt von Thomas Opfermann

Folgende neue Mitglieder heißen wir herzlich willkommen und freuen uns, sie mit zwei eigenen Texten hier an dieser Stelle vorstellen zu können:

Elke Bannach-Hoffmann aus Sandersdorf/Sachsen-Anhalt

Abends am Teich,
eine Ringelnatter,
der Frosch verstummt.

Blütenduft
in lauer Sommernacht,
zärtliche Blicke.

Marcus Blunck aus Hannover/Niedersachsen

Sommerdürre
der Schatten des Windrads
mäht das Feld

die Blicke gesenkt
in der U-Bahn – der Alte
liest stehend ein Buch

Marta Budna-Lamla aus Königsbrunn/Bayern

Ende Februar
das Erwachen des Lebens
letzter Scheibenfrost

Aus dem Kamin eine Wolke
Spinnenweben am Fenster
erste Kürbissuppe im Teller

Renate Diefenbach aus Meckenheim/Nordrhein-Westfalen

schaukelnd am Grashalm
sonnt sich die Libelle
nach dem Gewitter

Konzert der Zikade
Schatten unter Platanen
Mittagsruhe

Susanne Effert-Hartmann aus Karlstadt/Bayern

Hitzewelle
der Garderobenständer
trägt einen Strohhut

nebliger Morgen
orientierungslos
die Sonnenblumen

Christiane Freimann aus Zweibrücken/Rheinland-Pfalz

Melde mich,
bin in Zeeland,
zomerlichtversunken.

Ein Backfisch,
zwei Dohlen, eine Sturmmöwe.
Mit einem „Happs"!

Inge-Monika Hofmann aus Mainz/Rheinland-Pfalz

amputation
meine seele trägt holzbein
du fehlst

still glitzert der teich
dreihundert jahre haiku
mein frosch nimmt anlauf

Renate Maria Riehemann aus Osterode am Harz/Niedersachsen

Dünne Haube Zeit
füllt Vergessen in welke Spitze
der Knospe Stille.

Zartes Blütenweiß
zum Duft der reifen Früchte.
Zum Zahlen reicht Reue.

Renate Straetling aus Berlin

Hochglanz des Rapsgelb
lebendiges Sfumato
magnetisiert den Blick

Die ergrünte Mark
Unter kühler Himmelsglocke
Deckweißtupfer, da! Und dort!

Tanja Sulzberger aus Aesch bei Neftenbach/Schweiz

bei dieser Hitze
ist ach, bereits mein Schatten
weggeschrumpft

blütenübersät
der alte Teich feiert die
Hochzeit ganz allein

Ausgezeichnet

Zusammengestellt von Horst-Oliver Buchholz

Beim 8. kanadischen frankofonen Haiku-Wettbewerb „Le Prix Jocelyne Villeneuve 2019" hat Eleonore Nickolay den ersten Platz erreicht.

panorama la femme en fauteuil roulant promène son regard	Aussichtsplattform die Frau im Rollstuhl lässt ihren Blick wandern
Eleonore Nickolay	

Am ersten Kukai im Mai 2019 auf kukai24.de haben 79 Autoren teilgenommen und anschließend untereinander ihre Haiku bewertet. Parallel dazu gab es eine Co-Wertung des langjährigen Vorsitzenden der DHG, Martin Berner.
Den ersten Platz erreichte Ellen Althaus-Rojas. Beim 2. Kukai im Juni gewann Jörg Schaffelhofer. Wir gratulieren den Gewinnern!

Maischauer — alle Eimer voll Fliederduft	tanzender clochard — der straßenmusiker teilt seinen hut mit ihm
Ellen Althaus-Rojas	**Jörg Schafffelhofer**

In dieser Rubrik haben auch Sie Gelegenheit, Ihre ausgezeichneten Texte oder Haiga noch einmal an prominenter Stelle zu präsentieren. Das gilt auch für fremdsprachige Texte, für die wir dann um eine autorisierte Übersetzung bitten.
Wenn Sie also einen der vorderen Plätze bei einem Wettbewerb erreicht haben sollten, sei es im Internet oder bei einer anderen Ausschreibung, dann laden wir Sie herzlich dazu ein, diese Texte bei uns erneut zu veröffentlichen.

Kontakt: redaktion@deutschehaikugesellschaft.de
Stichwort: Ausgezeichnet, Einsendeschluss: 15. Oktober 2019

Wir sind gespannt auf Ihre Einsendungen!
Ihre Redaktion SOMMERGRAS

Auswahlen

Bei allen Lesertexten (inklusive Haiga) bitte keine Simultaneinsendungen.
Die Auswahl der folgenden Texte ebenso wie alle in dieser Ausgabe abgedruckten Haiga erfolgte durch Horst-Oliver Buchholz, Ramona Linke, Eleonore Nickolay, Claudia Brefeld und Thomas Opfermann.
Bei eigenen Einreichungen enthalten sich die Redaktionsmitglieder ihrer Stimme, Diskussion und Wertung.
Gerne verstärken wir unsere Jury in jeder Ausgabe um eine wechselnde Gaststimme. Wir laden alle DHG-Mitglieder ein, sich hierzu bei der Redaktion unter redaktion@deutschehaikugesellschaft.de zu melden!

Die Haiku- und Tanka-Auswahl 2019

Es wurden insgesamt 230 Haiku von 83 Autoren und 37 Tanka von 20 Autoren für diese Auswahl eingereicht. Einsendeschluss war der 15. Juli 2019. Diese Texte wurden vor Beginn der Auswahl von mir anonymisiert. Jedes Mitglied der DHG hat die Möglichkeit, eine Einsendung zu benennen, die bei Nichtberücksichtigung durch die Jury auf einer eigens dafür eingerichteten Mitgliederseite veröffentlicht werden soll.

Eingereicht werden können **nur bisher unveröffentlichte Texte** (gilt auch für Veröffentlichungen in Blogs, Foren, sozialen Medien und Werkstätten etc.).

Bitte keine Simultan-Einsendungen!

Bitte vorzugsweise **alle** Haiku/Tanka **gesammelt in einem Vorgang** in das Online-Formular auf der DHG-Webseite selbst eintragen:

deutschehaikugesellschaft.de/haiku-und-tanka-die-auswahl/

Ansonsten per Mail an:

auswahlen@deutschehaikugesellschaft.de

Der nächste Einsendeschluss für die Haiku-/Tanka-Auswahl ist der **15. Oktober 2019.**

Jeder Teilnehmer kann bis zu fünf Texte – davon drei Haiku – einreichen. Mit der Einsendung gibt der Autor das **Einverständnis für eine mögliche Veröffentlichung in der Agenda 2021 der DHG sowie auf** http://www.zugetextet.com

Haiku-Auswahl der HTA

Die Jury bestand aus Claus Hansson, Eva Limbach und Birgit Wendling. Die Mitglieder der Auswahlgruppe reichten keine eigenen Texte ein.

Alle ausgewählten Texte – 38 Haiku – werden in alphabetischer Reihenfolge der Autorennamen veröffentlicht. Es werden max. zwei Haiku pro Autor aufgenommen.

„Ein Haiku, das mich besonders anspricht" – unter diesem Motto besteht für jedes Jurymitglied die Möglichkeit, bis zu drei Texte auszusuchen (noch anonymisiert), hier vorzustellen und zu kommentieren.

Da die Jury sich aus wechselnden Teilnehmern zusammensetzen soll, möchte ich an dieser Stelle ganz herzlich alle interessierten DHG-Mitglieder einladen, als Jurymitglied bei kommenden Auswahl-Runden mitzuwirken.

Eleonore Nickolay

Ein Haiku, das mich besonders anspricht

digital detox –
meine Finger
genießen die Stille
Martin Thomas

Dieses Haiku hat mich in der großen Anzahl der eingereichten Kurzgedichte umgehend angesprochen und ist in der vorliegenden Auswahl nach sorgfältiger Bewertung mein Favorit geworden.

Der Begriff „digital detox" springt mir förmlich ins Auge und zieht mich ins Haiku hinein. Was für ein spannendes Thema steckt doch alleine in der Anfangszeile!

Jedem sind sicherlich Detox-Diäten bekannt, die den Körper von Schadstoffen befreien sollen, die er im Zeitverlauf über die Umwelt und die Ernährung aufgenommen hat. Die Entgiftung und Entschlackung erfolgt dabei über mehrere Tage oder Wochen und kann eine spezielle Ernährung sowie Körperbehandlungen und Körperübungen beinhalten.

Beim „digital detox" oder „digitalen Entschlacken" sollen die Menschen während einer gewissen Zeitspanne auf die Nutzung elektronischer Geräte wie Smartphones, Tablets oder den PC verzichten. Es wird angestrebt, sich der stetigen Vernetzung und Erreichbarkeit bewusst zu werden und sich ihr während einer begrenzten Zeitspanne zu entziehen. Als Ziel werden eine Stressreduzierung und eine bewusstere Wahrnehmung der realen Welt angestrebt.

Wie mag sich ein Mensch fühlen, der seine Internetabhängigkeit und Smartphone-Sucht erkannt hat und sich ihnen für eine gewisse Zeit entziehen möchte?

Diese Frage beantworten für mich die nachfolgenden Haiku-Zeilen. Zuerst sind da „meine Finger"; Finger als Teil des Körpers stehen genau so wenig still wie der unruhige Geist. Wie der Geist sich ständig mit irgendwelchen Gedanken beschäftigt, so tasten, greifen und fühlen die Finger pausenlos. Wie empfinden Finger, die ihrer bisherigen Tätigkeit, der Dateneingabe in digitale Geräte, beraubt sind? Kribbeln sie? Suchen sie anderswo Halt oder Beschäftigung? Vermutlich weiß der Mensch mit sich und seinen Händen in der Anfangsphase der Entgiftung nicht so recht etwas anzufangen.

Die Finger kommen mit fortschreitender Entgiftung oder der bewussteren Wahrnehmung jedoch irgendwann zur Ruhe. Im Haiku ist aber nicht von Ruhe die Rede, sondern von Stille, heißt es doch „genießen die Stille". Stille ist für mich mehr als Ruhe. Für mich werden hier die Finger zum Ausdruck der tief empfundenen Stille im Geist. Die Stille wird greifbar. Der Geist genießt die ungestörte Stille, nachdem er sich von der ständigen Erreichbarkeit durch die digitalen Medien gelöst hat.

Für mich ist damit im Haiku noch nicht alles gesagt. Es wirkt im Nachhall fort und weitere Bilder ziehen vor meinem geistigen Auge auf. Der moderne Mensch leidet nicht nur unter dem Tempo der zunehmenden Digitalisierung, sondern gewiss auch unter anderen Alltagsstörungen, Belastungen und Süchten jeglicher Art, mitunter sogar an einer Entfremdung gegenüber der Natur. So wie das „digital detox" dauerhaft gegen die Internetabhängigkeit oder Smartphone-Sucht nur geeignet ist, wenn der bewusste Entzug immer wiederkehrend in den Alltag eingebunden wird, muss der moderne Mensch auch andere Störquellen erkennen, ihnen zuweilen entsagen und andere Wege beschreiten.

Das Haiku zeigt für mich anhand eines modernen Themas sehr gut auf, wie wichtig es ist, sich immer wieder achtsam kurze Zeiten der Ruhe zu gönnen, damit Körper und Geist zu Einklang und Stille finden können. Beim nächsten Netzausfall mag dem Genuss dann nichts mehr im Wege stehen.

Ausgesucht und kommentiert von Claus Hansson.

Fitislied
sie vergisst
dass sie nicht singen kann
    Martin Berner

In einer unserer Bewertungsrunden kam die Frage auf: „Was ist ein Fitislied?"

Bevor ich vor einigen Jahren begann, Haiku zu schreiben, hätte ich sicher die gleiche Frage gestellt. Doch mit dem Schreiben begann ich anders zu hören, zu schauen und zu benennen.

So brauchte ich einen ganzen Sommer lang, um einen bestimmten Vogelruf zu identifizieren. Es war der Buchfink, und heute freue ich mich jedes Mal, weil ich weiß, wer da singt.

Nun, der Fitis ist ein Laubsänger, eng verwandt mit dem Zilpzalp, und natürlich habe ich mir seinen Gesang angehört. Er ist dem des Buchfinken sehr ähnlich, und in Zukunft werde ich die beiden wohl unterscheiden können.

Vielleicht ging es auch „ihr" so?

Und vor lauter Freude beginnt sie mitzusingen …, obwohl sie es anscheinend gar nicht kann.

Und das vermitteln mir auch die vielen i-Laute: „mit welch schriller Stimme sie ihr Lied singt …"

Ein Haiku nicht nur zum Schmunzeln und im wörtlichen Sinne ein „lustiger Vers".

Ausgesucht und kommentiert von Eva Limbach.

Die Auswahl

laut zeternd
vereint die Amselmännchen –
eine Katze!

Karin Baumgarten

Fitislied
sie vergisst
dass sie nicht singen kann

Martin Berner

Abgerissenes Haus.
Wusste ich jemals
wie es aussah?

Reinhard Dellbrügge

Antiquariat
der Geruch
der Zeit

Hubert Felber

im Spiegel
die Gesichter der Schwestern
in meinem

Christa Beau

auf unserer Brücke
mein Blick hinab
in fließende Himmel

Horst-Oliver Buchholz

auch in meinem Teich
Kreise
von Bashōs Frosch

Susanne Effert-Hartmann

drüberspringen
und wieder
mein Schatten

Hubert Felber

Videokonferenz,
der Star am Fenster
plustert sich auf

Taiki Haijin

Sichelmond
wir lecken
unsere Wunden

Gabriele Hartmann

Steiniger Heimweg
in meinem Rucksack
Gebete

Birgit Heid

weit draußen allein
mein Schatten
auf dem Meeresgrund

Anke Holtz

all die Gedanken
im Wasser spiegeln
Vergissmeinnicht

Angelika Holweger

Im Café –
Die Stille
über den Displays

Deborah Karl-Brandt

Lebensbaum
für eine Weile
anlehnen

Angelika Knetsch

Auf dem Schulhof
um das letzte Stück Brot
zanken Raben

Erika Hannig

Sommernacht
wir zögern vor der letzten
Häutung

Gabriele Hartmann

heimkehren
in der Hofeinfahrt
wachsen Pusteblumen

Anke Holtz

Gefühle
Totholz
Im Abendlicht

Angelika Holweger

Neu verliebt –
wie er schaukelt, knirscht und quietscht
der alte Eibsee-Kahn.

Manfred Karlinger

Sie treffen sich wieder
am Salatbüfett –
Hainbänderschnecken

Deborah Karl-Brandt

Mühlrad –
die neueste Version
ihrer Scheidung

Gérard Krebs

Noch nach Jahrzehnten
der Duft von Zigarren
in Opas Schreibtisch

Reinhard Lehmitz

unverhofft …
da ist wieder diese traulichkeit
tandaradei

Ramona Linke

Traumreise
im Gepäck
ihre Konflikte

Eleonore Nickolay

geschichten vom krieg
in der vitrine lächelt
ein buddha

Sonja Raab

nach dem Urlaub
die Spinne wohnt jetzt
auf meinem Stuhl

Evelin Schmidt

kurische nehrung
die geschwungene linie
des mondaufgangs

Helga Stania

digital detox —
meine Finger
genießen die Stille

Martin Thomas

kühler Sommerabend
und dennoch
die Nachtigall

Ramona Linke

Mobilheim
die Muschelsammlung
der Vormieter

Eleonore Nickolay

bettlektüre
nach dem psychothriller
das atmen der katze

Sonja Raab

im alten Haus
unter dem Spachtel
die Kindheit entdeckt

Evelin Schmidt

mein Hund wärmt
ihr die eiskalten Hände
und die Erinnerung

Helga Schulz Blank

Mittelmeersommer -
die rettenden Hände
in Fesseln gelegt

Martin Thomas

Schietwetter
protestlos am Strand
Gelbjacken

Friedrich Winzer

gestaute Stille
vor dem Mühlenwehr
Libellentanz
    Klaus-Dieter Wirth

drückende Schwüle
ein Streuner schüttelt
den Teich aus dem Fell
    Klaus-Dieter Wirth

Sonderbeitrag von René Possél

René Possél hat aus allen anonymisierten Einsendungen ein Haiku ausgesucht, das ihn besonders anspricht.

im Cafe –
Die Stille
über den Displays
    Deborah Karl-Brandt

Knapper geht's nicht! Vier Worte in den zwei ersten Zeilen bestimmen bei dem (gut gebauten) Haiku gleichzeitig das Setting und eine ungewöhnliche Situation.

Das Café (eigentlich orthografisch inkorrekt) ist ja der Ort des entspannten Kaffeetrinkens, der Begegnung und Unterhaltung verschiedenster Menschen. Dass Stille herrscht, ist ungewöhnlich.

Die Spannung dieser Beobachtung oder Feststellung wird in der letzten Zeile gelöst durch einen Hinweis. Es geht um eine „moderne" Angewohnheit heutiger Café-Besucher.

Tatsächlich sieht man immer öfter Menschen im Café sitzen, deren Gegenüber ein Computer ist („Display" steht hier als „pars pro toto" für den tragbaren Computer, den Laptop).

Die Stille der Beschäftigung des Einzelnen mit dem, was er auf seinem „Display" sieht, steht in Gegensatz zu dem Ort des Gespräches und Austausches, der das Café sein will/soll – oder besser sein wollte/sollte?!

An dieser Stelle könnte man einen langen Exkurs zur Kultur-Geschichte des Cafés anfügen – oder des Kaffeehauses, wie es in Österreich, speziell Wien, heißt. Alfred Polgar (1873–1955), den ich gerade lese, hat da einen erhellenden Satz geschrieben. Er gilt für die Café-Besucher – und zwar damals wie heute:

„Im Kaffeehaus sitzen Leute, die allein sein wollen, aber dazu Gesellschaft brauchen. " Knapper und zutreffender geht's nicht!

Ausgesucht und kommentiert von René Possél

Tanka-Auswahl

Auf der Mitgliederversammlung in Traben-Trarbach im Mai 2019 wurde Tony Böhle in den Vorstand gewählt. Daraufhin stellte er sein Amt in der Tanka-Jury zur Verfügung. Peter Rudolf hat sich bereit erklärt, dieses zu übernehmen.

Kurzvorstellung von Peter Rudolf
von Silvia Kempen

Peter Rudolf habe ich auf der Mitgliederversammlung der Deutschen Haiku-Gesellschaft in Wiesbaden im Mai 2015 kennengelernt.

Er wurde 1960 geboren. 1981 hatte er ersten Kontakt zur japanischen Kunst durch einen Kursabend des Museums für Gestaltung in Zürich zum Thema: Japanische Formen in den Plakaten zur Zeit des Jugendstils in Paris und Zürich.

Ende der 80er Jahre hat Peter das Haiku als Lektüre entdeckt, und dann im Frühling 1994 verfasste er in einem Urlaub an Irlands Westküste sein erstes Haiku.

Um 2005 befasste er sich zum ersten Mal mit Tanka, indem er den Band „Kirschblüten und Ahornlaub" von Walter Exner las und anschließend das Buch „Gäbe es keine Kirschblüten – Tanka aus 1.300 Jahren". Dann folgten erste eigene Tanka.

Im Jahr 2014 wurde Peter DHG-Mitglied und 2017 wurde er auf der Mitgliederversammlung in Winsen (Aller) in den Vorstand gewählt.

Zu guter Letzt ein Tanka von Peter Rudolf:

ins Weiße hinein
je höher es geht umso
lockiger der Schnee
heute mit einem Zurück
doch einmal … dann ohne

Silvia Kempen und Peter Rudolf haben fünf Tanka ausgewählt.
„Ein Tanka, das mich besonders anspricht" – unter diesem Motto werden
Texte vorgestellt und kommentiert.

Ein Tanka, das mich besonders anspricht

einsam irrt
eine ameise
auf meinem tisch umher
sucht im schein des mondes
die verlorene straße …

Ruth Guggenmos-Walter

Für mich ist dies ein Text zum Suchen und Irren des einzelnen Menschen.
Ein lyrisches Ich gibt es zunächst darin nicht. Anstelle dessen lädt die
Ameise den Leser ein sich einzufinden. „einsam": Wer fühlt dies nicht
irgendwann in seinem Leben? – „irrt eine Ameise": Wer kennt nicht dieses
Zurückblicken mit dem verhängnisvollen Inhalt: „Da habe ich geschuftet
– und wofür?"

Der Autor paart die Ameise mit dem Irren – eine klassische Verknüp-
fung (Juxtaposition). Mit der Ameise geht in unserem Denken auch die
Vorstellung eines Fleißigseins einher. Ich erachte es als vertretbar, die mit
dem Irren gepaarte Ameise als Hinweis auf den oben bezeichneten Rück-
blick verstehen zu dürfen. Die Verknüpfung erscheint umso gelungener,
als der Mensch die Ameise üblicherweise in einem größeren Verband
auftretend erlebt, sei es als Ameisenhaufen in der Natur während einer
Wanderung, sei es als in das Haus eindringende Ameisenstraße. Insofern
gehört zu der Verknüpfung der Gegensatz „fleißiges soziales Wesen –
Einsamkeit".

„auf meinem tisch": Hier, exakt in der Mitte des fünfzeiligen Textes, taucht das lyrische Ich auf. Zuerst einmal bietet der Tisch sich an als Symbol für die Welt des einen Menschen. Dies trifft zu unter der Annahme, dass sich der Leser mit der Ameise identifiziert. Gegen die Gleichsetzung stellt der Autor die Aussage „mein tisch". Durch diese dezente Einführung des lyrischen Ichs wird eine Distanz aufgebaut zwischen der Ameise und dem Leser. Bezeichnenderweise ist es diese Stelle, welche dem Tanka etwas Persönliches (in homöopathischer Dosis) und Wärme gibt.

„im schein des mondes" ist nicht im hellen, direkten Sonnenlicht. Mit dem Mond in der vierten Zeile verlässt der Text die Erde. Die fünfte Zeile führt schließlich über den Mond hinaus und weist mit der „straße" auf jene Sterne hin, welche die Milchstraße bilden.

Mit dem Ausdruck „verlorene straße" holt der Dichter noch einmal das Drama des Menschseins in die Erinnerung des Lesers. Das Tanka beginnt mit dem Gefühl der Einsamkeit, einem archetypisch menschlichen Gefühl, führt über das als fleißig und äußerst sozial erkannte Ameisentier zum Mond und zum Himmel und wieder zurück zur „verlorenen straße". — Dass aber auch ohne diesen weiten Bogen, den ich hier geschildert habe, der Text lediglich als „eine Ameisengeschichte" stimmig ist, liegt im Wort „straße": Die einsame Ameise ist ihres sozialen Umfelds verlustig geworden; nun versucht sie, ihre Artgenossen in der Ameisenstraße wiederzufinden.

Daneben beeindruckt mich dieses Tanka durch seine Wortwahl und bescheidenen Stil, als auch durch seine klassische Form. Nicht die Silbenzahl ist damit gemeint. Sondern dass aus einem eigenständigen Haiku der ersten drei Zeilen ein Tanka wird, ohne textliche Brüche und Stolpersteine.

Ausgesucht und kommentiert von Peter Rudolf

Die Auswahl

Es ist nicht so
dass du hässlich bist,
aber du kannst nicht
in meinem Bett schlafen,
kleine Wanze.

Frank Dietrich

einsam irrt
eine ameise
auf meinem tisch umher
sucht im schein des mondes
die verlorene straße …

Ruth Guggenmos-Walter

mein Gatte und der Wein –
er schwenkt das Glas gegens Licht
prüft die Farbe
schnuppert, kostet, schmatzt und nickt
und bietet mir – seine Lippen

Gabriele Hartmann

Erde zu Erde
Asche zu Asche
Staub zu Staub
Schnee fällt
in unser Schweigen

Frank Dietrich

stolperte ich
– als Kind – so fiel ich
kurz und leicht
heut stolpre ich noch immer
doch heute fall ich ganz

Gabriele Hartmann

Mitgliederseite

Jedes Mitglied der DHG hat die Möglichkeit, eine Einsendung zu benennen, die bei Nichtberücksichtigung durch die Jury der Haiku- und Tanka-Auswahl auf dieser Mitgliederseite veröffentlicht werden soll.

Juli im Garten –
schwebend in der Luft
Rosmarin und Lavendel

Ellen Althaus-Rojas

Froschkonzert am See
Streicheln der Wasserströmung
graues Haar wird nass

Eva Beylich

Hoffnung
kauert im Kofferraum –
Endstation Hoheneck

Gerd Börner

Sommerwind
am Flussufer
eine Kranichfeder

Hildegard Dohrendorf

Mond
unter Sternen einsam
wie ich

Loretta Gaukel

Holunderblüte
In ihrer Nähe
bleibe ich stehen

Hans-Jürgen Göhrung

Goldbraune Ähren
wiegen sich wohlig im Wind –
Gleichnis des Einklangs.

Thomas Berger

Wiesen umkreisen
mit ruhiger Feder –
Mäusebussard

Marcus Blunck

Notre Dame
… mein glühend Herz

Horst-Oliver Buchholz

Funkloch im Zug
Die Handys schweigen
Mein Lautlos gewinnt

Peter-Michael Fritsch

Ohne Handschuhe.
Nur aus Versehen passiert.
Mit Schuld infiziert?

Julia Kathrein Göhler

so mild
die nacht
schläfst du

Gregor Graf

Rauschen am Himmel
Störche sammeln sich
zum Flug in die Wärme

Karola Groch

fare il morto –
der see schenkt möglichkeiten
der vorwegnahme

Bernhard Haupeltshofer

bunte seifenblasen
in der straßenschlucht
viel zu schön

itazura

weiße Wolke – dunkler Berg
– berühren einander –

Ute Kassebaum

Das Kind am Fenster
schaut in den nahen Garten –
lauscht des Vogels Sang.

Erich Meyer

gebrauchte Kerzen
hinten in der Schublade
jedes Jahr älter

Shawn Mödl

Wasser abgestellt
in der Bibliothek
gibt es auch ein Klo

Sebastian Salie

im hut des bettlers
rosenblütenblätter –
vor seinem offenen grab …

Ruth Guggenmos-Walter

Karpfen, stromaufwärts,
auch Katze und Maus trauern.
Nirvana-Rollbild.

Saskia Ishikawa-Franke

„Lasst de Biena lebn!",
summt da Mährobota Fridolin
vo da neien Nachbarin.

Manfred Karlinger

Verwesungsgeruch –
ein Rotmilan kreist
über dem Aas

Ramona Linke

Fest in der Schlossruine
die Düfte
der syrischen Küche

Ruth Karoline Mieger

Im Spiegel des Sees
die Berggipfel, kopfüber.
Reich, die Fantasie.

Jürgen Morgenstern-Feise

ein schwan fliegt vorüber,
verfolgt von einem spatz –
der panik folgt die zuversicht

Theo Schmich

mit Strahlen durchwirkt
spannt sich Nebel vom Fluss her
die Sonne säumt noch

Hildegund Sell

kurische nehrung
die geschwungene linie
des mondaufgangs

Helga Stania

Bunter als meine
Farbpalette die wilden
Blüten am Wegrand

Angela Hilde Timm

Regensturm
zerzaust die alte Buche
wütend wirft sie Äste

Erika Uhlmann

Der Elphi-Rundgang
zeigt Hamburgs schönstes Gesicht
Speicher und Kirchen.
Glück-wer eine Karte hat!
Ein Abend voller Musik.

Christa Wächtler

Herbst kam über Nacht:
kein Blatt blieb am Baum – nur dein
grünes Osterei!

Dagmar Westphal

Schmachtende Blicke,
während sie Rumba tanzen.
Entflammte Herzen.

Gerhard A. Spiller

im Siebten Himmel
auf der Suche
nach Bodenhaftung

Franz-Josef Talarczyk

Grüße der Nachbarn
aus ihrem Schrebergarten
zarte Zucchini

Ingrid Töbermann

der Pressluftbohrer
zerrt einen Vorhang vor das
Kindergezwitscher

Traude Veran

Haibun

Traude Veran

Neues Wohnen – eine Art übermäßiges Haibun aus Wien

Nach dem Umzug
nachts die Klotür suchen –
autsch! andere Seite!

Übersiedeln – nichts Neues für mich. Oder vielleicht doch: Es ist das letzte Mal. Wenn ich diese Wohnung hinter mir lasse, muss ich nichts mitnehmen. Nicht einmal eine Handtasche. Vorläufig ist es noch nicht so weit, erst einmal werde ich mich hier eingewöhnen. „Sieb-te E-ta-ge", erläutert die Blechfrau im Aufzug. Ich kann jetzt mit geschlossenen Augen hinauf- und hinunterfahren, Verantwortung abgeben.

Der sprechende Lift –
neuer Partner für meine
Hörgeräte

Statt des Blicks auf wogendes Grün spielt mir der Himmel nun seine Wolkendramen vor, fantasievoll, oft grotesk, wenn etwa der wilde Regenguss so scharf begrenzt ist, dass ich weiß: An der Linken Wienzeile scheint schon wieder die Sonne. Da verliert das Universum gleich an Schrecken.

Horizonte
rücken näher – bis
ans Fensterbrett

Oder: Alles versinkt, nur einzelne Schornsteine und Antennen ragen aus dem weißen Gebräu – Großstadt?

Aus dem Nebel
aufleuchtender Stephansturm
deutet die Flugspur

Vertraute Gebäude aus neuem Blickwinkel: Eines, in meiner Erinnerung
biedermeierlich verschlissen, döst lustlos unter grauem Blechdach, ein
anderes spielt Wehrturm und hat doch nur einen Liftaufbau zu bieten.

Blick aus dem Fenster
über der Dachlandschaft
Kirchturm und Flakturm

Schräg hinter meinem Schreibtisch geht der Mond auf, geht die Sonne auf.
Die verschafft mir Morgenfreizeit: Der Bildschirm spiegelt.

Sonnenaufgang
Flug nach Warschau
streicht den Himmel durch

Tief in der Gassenschlucht fährt ein Müllwagen vor. Jetzt weiß ich endlich
um die ebenso einfache wie sinnvolle Mechanik Bescheid, die das
sortenreine Entleeren der Container ermöglicht.

Von höchster Ebene aus
das Geheimnis entlarvt
Altglassammlung

Schnurrend biegt der 13 A um die Ecke. Sein schneeweißes Dach bezeugt
die Sorgfalt der Wiener Linien. Ich höre ihn mit Wohlgefallen: Nun kann
ich mein Fenster schließen.

Morgens um fünf
geweckt vom 13 A –
die Stadt funktioniert!

Der Bus hat eine weite Reise vor sich: vorbei an der Zukunft der Baustelle Pilgramgasse, an den Schimären im Haus des Meeres, an der zeitgem. Abk. für die FuZo Mahü bis zurück in meine Vergangenheit, unter dem Asphalt noch immer ungestüm der Alserbach.*

13 A-Kurven
Schlafsäcke auf der Parkbank
STILL OF THE NIGHT **

Nachts streift da unten eine getigerte Katze umher, läuft über die Fahrbahn, schlüpft durch den Zaun vor unsrem Haus. Ganz lautlos. Menschen eilen den Gehsteig entlang, selbst in der Finsternis zielbewusst, die Gesichter erhellt von den Displays.

Däumelnd durch die Nacht
im Widerschein des Rechtecks
bläulich beleuchtet

So viel Neues stapelt sich. Überwuchert das Gestern. Manchmal aber …

Herbstregensonntag
das Fenster spaltbreit geöffnet
weißt du noch?

* Pilgramgasse: Hier wird die neue U-Bahn-Linie U5 gebaut, leider: Jetzt habe ich es ziemlich weit zur nächsten Station; Fußgängerzone Mariahilfestraße, begeistert angenommen nach jahrelangem heftigem Streit; manchmal nach einem Gewitter kommt der Alserbach durch die Kanaldeckel nachschauen, was sich so auf der Alserstraße tut.

** Der Flakturm im Esterhazypark wurde im II. Weltkrieg als Geschützleitturm erbaut (Flak = Fliegerabwehrkanone). Heute befindet sich in ihm das „Haus des Meeres"; an der Außenwand trägt der Turm seit 1991 die Inschrift SMASHED TO PIECES (IN THE STILL OF THE NIGHT) des Künstlers Lorenz Weiner.

„eine Art übermäßiges Haibun", wie die Autorin es selbst nennt. Die Redaktion diskutierte kontrovers. Was meinen Sie? Wie hat Ihnen der Text gefallen? Schreiben Sie uns!

Hartmut Fillhardt

Freiheit

Als Kinder lernten wir, auf Alte und Behinderte Rücksicht zu nehmen und, wo möglich, zu helfen. Seit ich selbst gehbehindert bin und seit man das meiner gebeugten Haltung auch deutlich ansieht, weiß ich, wie schnell die täglich erkämpfte Lebensenergie durch gut gemeinte Hilfe verloren gehen kann.

Froh darüber, gerade einen guten, beweglichen Tag zu haben, an dem ich mal ohne Stock auskomme, bitte ich an der Theke des Bäckereicafés um ein Tablett, mit dem ich mein Frühstück einfacher tragen kann.

Prompt stellt die Café-Hilfe im Nebenraum ihren Besen in die Ecke und fragt, ob sie mir helfen dürfe.

Nur das fröhliche Lächeln, das sie zeigt, verhindert, dass ich mich schon wieder gedemütigt fühle. Ich nicke, und sie trägt mir das Tablett voraus auf die Terrasse, zum einzigen Tisch, der so früh am Tag bereits Sonne zu bieten hat.

Kaum sind wir außer Hörweite der Verkaufstheke, hebt die junge Frau ihre Stupsnase in die frische Märzbrise und strahlt: „Ich bin ja so froh, mal für einen Moment aus der schwülen Backstube rauszukommen."

Ihren roten, vom Wind zerzausten Haarschopf sehe ich immer noch vor mir.

    Zwischen den Stühlen
    die Sonne
    auf der Haut.

Hinweis der Redaktion: Bei der Veröffentlichung in SG 125 sind leider die letzten drei Absätze des Prosatextes nicht abgedruckt worden. Wir bitten dies zu entschuldigen und reichen hiermit das komplette Haibun nach.

Eva Limbach

Regenpause

Olivia schickt Leon eine WhatsApp-Nachricht. Leon leitet sie weiter an Simon und Klara. Simon macht einen Screenshot und schickt ihn an Sophie. Sophie hat lange überlegt, ob sie sich als Influencer für dieses Drachentattoo entscheiden soll …

offline –
ich erzähle den Kindern
vom Scheinriesen

Eva Limbach

Träumereien

Als ich Kind war, wünschte ich mir zum Geburtstag eine Negerpuppe. Sie war tausendmal schöner als alle anderen.
Und wenn irgendwo das Wort „Zigeuner" fiel, war da sofort eine Sehnsucht nach Abenteuer, Gitarren und Pferdewagen.
Heute weiß ich natürlich, dass meine Träumereien weltfremd und sentimental waren. Aber da gab es dieses Lied von Alexandra …
Tam ta ta ta ta tam tam ta
Nun, die Welt hat sich gedreht.
Es gibt neuerdings sogar zwei verschiedene Meinungen zum Thema „Menschenleben retten".

Schiffbruch
eine Möwe hadert
mit der Stille

Birgit Heid

Vibration

Traunstein, Musikgeschäft Fackler. Wir lassen uns die verschiedenen handgefertigten und wertvollen Harfen zeigen, die wir nicht kaufen werden. Stattdessen einen Donnermacher, den ich bei Lesungen anwenden könnte. In einer Ecke finde ich selbst verlegte Bücher des ersten Inhabers. Abends blättere ich durch das letzte Jahrhundert in den bayerischen Bergen.

Wildgänse
seine erste Maultrommel
vom Großvater

Bernadette Duncan

während

die einen sich zeit nehmen in fremden badezimmern für fläschchen und tuben und die anderen mit ausgeprägter meinung zurückkehren über armaturen, tücher und fliesen, liebe ich den blick in unbekannte spiegel — so reihte ich mich kürzlich ein in den morgendlichen wimpernschlag meiner freunde und fand
im reifenden licht des sommers
mein endgültiges gesicht

Evelin Schmidt

Der Ausflug führte uns zur Walhalla an diesem sonnigen Spätsommertag.
Vor uns liegt ganz unwirklich ein griechischer Tempel am Donauhang.
Nach dem Rundgang durch die Ruhmeshalle mit all den Helden der
Schlachten, den Gekrönten und Klugen hören wir Gesang.
Auf den Stufen sitzt eine Frauengruppe beim Picknick mit Sektgläsern,
singend zur Gitarre. Sie schenken sich Zeit, sagen sie.
Unser Blick schweift über die weite Donaulandschaft unter uns.

    die Büste der junge Frau
    spät geehrt
    ihre Gedanken waren frei

Angelika Holweger

Per Internet

Ausgewählt, noch unentschieden, ein Vielleicht oder doch nicht. Ich rufe
noch andere Seiten auf, vergleiche und werde beobachtet. Das virtuelle
Auge, dem nichts entgeht. Immer wieder dieser Satz auf dem Bildschirm:
„Ihr Warenkorbretter ist aktiviert". Fühle mich bedrängt. Zwei, drei
Mausklicks und mein Laptop ist inaktiv.

    Auf der Ringelblume
    Ein Schmetterling
    Schnell, die alte Kamera

Angelika Holweger

Nach der Lesung

Ihren Worten nachsinnend, steige ich unzählige Steinstufen zwischen den alten Häusern hoch. Schwüle Luft lässt viel Schweiß rinnen. Der nahe Neckar trägt Lieder und Lachen. Plötzlich zwei Eidechsen – husch und weg. Einen Augenblick nur Erdzeitgeschichte.

rotlichtig jene alte Buche
in vollem Geläute
schwingt die Stadt

Gabriele Hartmann

Ein Stück Himmel

Briefmarken. Ein ganzer Karton voll. Rund um die ausgeschnittenen Marken ein schmaler Rand. Auf der Rückseite ein Stück Himmel. Wolkenlos. Irgendwo im Süden. Wer ihm wohl all die Ansichtskarten geschrieben hat?
Vater hat einen Wasserkessel aufgesetzt und dessen Flöte abgenommen. Mit einer Pinzette hält er die Ausschnitte in den Dampf. Die abgelösten Marken legt er mit dem Bild nach unten auf ein Trockentuch und streicht glättend – fast zärtlich – mit einem Finger darüber. Später wird er sie – wieder mit der Pinzette – in dicke Alben einsortieren, die Reste im Ofen verbrennen.

***

Einmal wollte ich Vater helfen. Er war noch auf der Arbeit, und ich würde ihn überraschen. Also warf ich eine Handvoll Briefmarken in heißes Wasser, fischte sie wieder raus und zupfte sie vom Karton. Zu ungeduldig, denn einige blieben hängen und Zacken rissen ab. Und ich wunderte mich: Unter manchen Marken verborgen stand in winzigen Buchstaben „i. l. d.“. Als Vater heimkam, freute er sich nicht. Er presste die Lippen aufeinander, warf die ganze Bescherung ins Feuer und verschloss den Karton mit den übrigen Marken in einer Schublade. Den Schlüssel befestigte er an seinem Bund. Wir haben nie darüber gesprochen.

***

Ich halte Vaters letzten Brief in der Hand, beklebt mit einer Reihe bunter Briefmarken aus einem Land im Süden. Seite um Seite beschreibt er seinen Alltag, seine Freuden, sein Glück. „Den Umschlag heb mir bitte auf, i. l. d.“

geheime Zeichen
hinterm Horizont
ein Leuchten

Rengay

Sylvia Bacher, Claudia Brefeld und Brigitte ten Brink

wolfsland
Herbst

dem wind zum trotz
weithin leuchtet noch
das heidekraut

wolfsland – ein schäfer
und sein hund auf der hut

im großen bogen
um die kreuzotter –
letztes sonnenbad

durch buschwerk den weg gebahnt
dunkel liegt da der teich

verwunschener ort
von ferne
kirchenglocken

ihre bittere süße pflücken
wacholderbeeren

SB: 1, 4 / BtB: 2, 5 / CB: 3, 6

Kettendichtung

Es können auch längere und lange Kettendichtungen eingereicht werden, diese werden dann aber nicht mehr im SOMMERGRAS, sondern auf der DHG-Website parallel zur jeweiligen SOMMERGRAS-Ausgabe veröffentlicht. Auf diese Weise wird die gemeinschaftliche Kettendichtung besser gefördert, da es so keine Platzeinschränkungen mehr gibt, die beim SOMMERGRAS ja immer eine Rolle spielen.
Die Kettendichtungen (*renku*) bitte immer mit dem zugrunde liegenden Schema und Anmerkungen einreichen, da es so für die Leser besser nachvollziehbar ist.
Wir freuen uns auf Ihre Zusendungen!

Claus Hansson und Ilse Jacobson

sein Milieu

ein Sommertag ganz in seinem Milieu das Tor zum Hof	CH
im Gespräch mit der Stille nebenan klappert Geschirr	IJ CH
wie es sich paart die Melodie wird Amselgesang	IJ

Briefe an die Redaktion

Die SOMMERGRAS-Redaktion freut sich immer über Zuschriften, jedoch ist das Einreichen eines Briefes an die Redaktion keine Garantie für den Abdruck. Der Umfang sollte ein bis zwei SOMMERGRAS-Seiten (A5) nicht überschreiten. Kürzungen/Abdruck von Auszügen behält sich die Redaktion in Absprache mit dem Einsender vor.

Liebes Redaktionsteam,

der dezente Hinweis auf weitere Einsendungen ermutigt mich nun zu einem Leserbrief:

Einer der Diskussionspunkte auf unserer letzten Mitgliederversammlung war die Formulierung der weiblichen Form, wenn Autorinnen und Autoren oder Dichterinnen und Dichter benannt werden sollen, der geschlechtergerechten Formulierung also. Alle in Frage kommenden Schreibweisen wurden benannt sowie die Meinungen ausgetauscht, ohne jedoch zu einem Ergebnis zu kommen. Auch die Wichtigkeit des Themas wurde unterschiedlich beurteilt. Ich persönlich finde eine geschlechtergerechte Formulierung durchaus diskussionswürdig und bedeutungsvoll. Im Heft Nr. 125 fand ich folgende Formulierungen:

Seite 1: Dichter/-innen, S. 6: Autoren, S. 16: Künstler, S. 23: Dichter, S. 24: Botaniker, S. 25: Leser, Dichter, S. 26: der „Eingeweihte", S. 28: Lesertexte, Teilnehmer, Autoren, Leserinnen und Leser, S. 29: Autoren, Lesertexten, Teilnehmer, Autor, S. 30 Autorennamen, Autor, Teilnehmer, S. 38: den Monarchen, S. 66: Besucher, Leser, S. 67: Besucher, S. 69: Teilnehmer, Autoren, S. 70: Teilnehmer, Impressum: Erklärung, dass die männliche Form generisch gebraucht wird. 24 Mal war diese Form verwendet worden, einmal die Schrägstrichformulierung und einmal die Doppelnennung.

Das generische Maskulinum hat lt. Wikipedia seit den 1980er Jahren an Gebrauch verloren. Hintergrund ist eine unter anderem von der feministischen Linguistik formulierte Kritik an seiner Missverständlichkeit und an der Möglichkeit, dass bei seiner Verwendung weibliche Referenten „nicht mitgedacht" und damit systematisch ausgeblendet werden. Die Erklärung im Impressum scheint mir daher nicht ausreichend zu sein.

Das deutsche Bundesministerium für Familie, Senioren, Frauen und Jugend interpretiert § 1 Abs. 1 des Bundesgleichstellungsgesetzes von 2001 dahingehend, dass die Beschäftigten der obersten Bundesbehörden verpflichtet seien, der „sprachliche[n] Gleichbehandlung von Frauen und Männern in Rechts- und Verwaltungsvorschriften des Bundes sowie im dienstlichen Schriftverkehr" Rechnung zu tragen und „geschlechtergerecht zu formulieren". Die Benutzung des generischen Maskulinums sei „nicht akzeptabel", ebenso wenig Formulierungen wie „Zur besseren Lesbarkeit wird das generische Maskulinum verwendet". Es sei zwar „erkennbar, dass nach wie vor Akzeptanzprobleme insbesondere bei der geforderten weitgehenden Vermeidung des generischen Maskulinums bestehen", entsprechende Vorbehalte zu überwinden sei aber Dienstpflicht aller Beschäftigten der obersten Bundesbehörden.

Da nun also in der Gesellschaft die Frage der geschlechtergerechten Formulierung in Bewegung geraten ist, sollte man meiner Meinung nach persönlich und in einer öffentlichen Zeitschrift darauf reagieren. Mich persönlich stört mittlerweile das generische Maskulinum erheblich. Eine Schrägstrichschreibweise empfinde ich als annehmbaren Kompromiss, aber die Doppelnennung oder Neutralisierung (z. B. Teilnehmende) sehe ich als die korrekte Formulierung an.

Herzliche Sommergrüße aus Landau,
Birgit Heid

Anmerkung der Redaktion:
Die Redaktion behält sich weiterhin vor, in ihren Texten das grammatisch korrekte generische Maskulinum zu verwenden, wie es im Impressum angemerkt ist.
Die einzige nach Duden erlaubte Genderschreibweise ist die mit Schrägstrich (z. B. Teilnehmer/-innen). Da diese Schreibweise jedoch – besonders bei Wiederholungen – manchmal zu sperrigen, schwer lesbaren Texten führt, hat sich die Redaktion für das generische Maskulinum entschieden.
Von der Festlegung der Redaktion unberührt bleiben die Einsendungen der Leser, weil eine Einheitlichkeit in der Gender-Frage nicht herzustellen wäre.

Die Redaktion hat sich über die Kommentare von Horst Ludwig zu drei Haiku auf der Mitgliederseite von SOMMERGRAS 125 gefreut und nimmt die Gelegenheit wahr, die Leser aufzurufen, es ihm gleichzutun und Haiku ihrer Wahl zu kommentieren.

Hier in gekürzter Fassung der Beitrag von Horst Ludwig:

Im letzten Heft fielen mir in der Rubrik „Eigenauswahl" drei Texte besonders auf. Da war von Walther Stonet „Sonntagsfütterung – / Der alte Mann wartet bis / Die Fische tanzen". Man sieht gleich, hier hat jemand genau hingesehen. Da ist der alte Mann wie jeden Sonntag wieder hier („Der alte Mann", nicht <u>ein</u> alter Mann!), und der hat sein Ritual zur Feier des Sonntags, er geht an die frische Luft und füttert dabei auch die Fische im Parkteich. Aber das doch nicht so ohne Weiteres, nein, er lässt sich auch von den Fischen bemerken, sie versammeln sich vor ihm und werden nach einiger Zeit sogar etwas nervös, weil sie von ihm nicht das bekommen, was sie gewohnheitsgemäß von ihm erwarten. Erst zu diesem ihrem nervösen Tanz wirft er ihnen zu, was er ihnen mitgebracht hat, altes Brot, der Abfall ist sogar eine Art Bei-Fall.

Von Masami Ono-Feller ist „Nur ein Arm übrig / machte er noch die Gurken ein – / mein alter Vater". Hier fällt sogleich als Besonderes auf, ja es bestürzt, dass jemand einen Arm verloren hat. Ich erinnere mich noch sehr an die Jahre nach dem Krieg (welch eine Sprachikone in Deutschland und Japan bei den Alten: Männer schlurften auf Krücken dahin, Blinde tappten mit einem weißen Stock und besonderer Armbinde den Gehsteig entlang, und in unserm Verein spielte ein Einarmiger wenigstens Fußball, sogar in der ersten Mannschaft). In diesem Haiku ist es ein alter Mann, den die Autorin noch vor sich sieht, ihr Vater, der sich einarmig noch nützlich machte, indem der die Gurken einmachte. Es dauerte natürlich länger, aber das konnte er noch, er hatte sein Rezept und die Gewohnheit dazu. Aber auch das ist jetzt Vergangenheit, und nichts ist von dem alten Körper mehr übrig, nur noch Erinnerung. Eine auf den ersten Blick unauffällige Sprache, die aber durch die Assonanz Arm, machte, alter, Vater zu einer ausdrucksvollen, wenn nicht gar gehobenen Sprache wird.

Näher an der Gegenwart und ganz anders in seiner Ausrichtung ist

Gerhard A. Spillers „Verstummte Glocken. / Die Hochzeitsreise beginnt. / Tränen der Freude." mit seinen drei Aussagesätzen, alle klar mit Punkten gekennzeichnet. Hier ist nichts vage. Unmittelbare Vergangenheit ist lediglich der Glockenklang vom Segment a, alles weitere ist gegenwärtiger Vorgang. Und wer wischte sich nicht mal eine Träne aus den Augen, wenn da zwei junge Leute – sie im langen weißen Kleid und mit jetzt zurückgeschlagenem Schleier, er im schwarzen Anzug, mit rotem Kummerbund, schneeweißem Smokinghemd und silberner Fliege – ins Auto stiegen und davonfuhren? – Aber grammatische Gegenwart kennzeichnet ja nicht nur die Zeitspanne zwischen Vergangenheit und Zukunft, sondern auch das ganz allgemeine So-Sein: Alles hat ein Ende, es kommt anders, als man denkt. Und liest man die Segmente b und c so, was bleibt denn dann von Segment a? Nur wahre Vergangenheit und ein Symbol, und b und c lesen sich sachgerecht jetzt eher als Senryu denn als Darstellung eines bewegenden Haiku-Augenblicks höchsten jungen Glücks. Und nicht nur mit der ersten, auch mit dieser Lesart nehmen wir diesen Text mit uns in den normalen Tag. Und alles das sagt in kurzen Aussagesätzen weise dieses doch bemerkenswerte Haiku.

Rezensionen/Besprechungen

Silvia Kempen

Bilder aus Farben und Silben

Bilder aus Farben und Silben von Andrea Beck (Fotos und grafische Gestaltung) und Rainer Mehringer (Haiku, Texte und Kalligrafien). Druck: TOP-Buch, 2018, 353 Seiten.

Was ich in diesem umfangreichen Buch vermisse, sind Informationen zu den Autoren, die mehr als ein Jahr daran gearbeitet haben.

Andrea Beck ist Fotografin mit einer Ausbildung und Tätigkeit im Bereich Industrie- und Werbefotografie und einer weiteren Ausbildung mit anschließender 20-jähriger Tätigkeit als Kamerafrau. Nach Fortbildungen im Bereich Grafik, Bildbearbeitung und 3D arbeitet sie heute als freie Fotografin überwiegend künstlerisch.

Aus meiner Sicht sind ihre Bilder nicht einfach nur Fotos, sondern durch Unschärfen, interessante Blickwinkel und Ausschnittwahl kleine Kunstwerke.

Rainer Mehringer, geb. 1940 in Altötting, war nach seinem Studium (Musik) als Gymnasiallehrer tätig. Kalligrafische Arbeiten von ihm wurden in München ausgestellt. Die Kalligrafie (Wind) auf dem Buch-Cover wurde 2010 in Tokio (Consociationis Calligraphicae Internationalis) mit einem Preis ausgezeichnet. Mehringers Lehrerin, Shodo-Meisterin Nobuko Häufle-Yasuda, begleitet ihn schon lange. Sie ist es auch, die seine Haiku übersetzt und ihm die Möglichkeit gibt, diese in Kana-Schrift zu schreiben. Seit 2011 ist er Mitglied im Münchner Haiku-Kreis der DJG.

Doch nun zum Buch, ich würde es einfach als „schön" bezeichnen. Es ist durchaus auch Leserinnen und Lesern zu empfehlen, die nicht selbst Haiku schreiben. Sehr abwechslungsreich gestaltet, bietet es neben Haiku, Fotos und Kalligrafien auch Texte von Mehringer, die ich als Zwischengedanken bezeichnen würde – eine Weiterführung der Bilder aus dem jeweiligen Haiku. Nach ein paar allgemeinen Gedanken zum Haiku übernimmt das Buch die klassische Einteilung der Haiku in die vier Jahreszeiten.

Den ersten Satz aus der Einführung möchte ich hier wiedergeben:

„Wie ein Bach mit Herbstblättern spielt, sanft, wild, fallend, weiterreißend, so ist auch dieses bunte Buch gedacht: vergnüglich und ein bisschen geheimnisvoll."

Als geheimnisvoll würde ich auch folgendes Haiku bezeichnen:

Frühling, blaues Licht,
eine Blüte nur – und
ich folge einem Traum   S. 40

Wer kennt es nicht, Eduard Mörikes Gedicht „Frühling lässt sein blaues Band." Das kam mir sofort in den Sinn.

Neben dem Frosch
auch mein Gesicht gespiegelt
im alten Teich   S. 70

Bashōs Frosch? Besteht die Möglichkeit, einen gleichen Moment zu erleben, wie der Haiku-Meister an seinem alten Weiher?
Seite 107 unter dem Titel „Schönheit – desperately wanted":

„Mein Kopf verkündet mir, dass ich spinne. Mücken und Gedanken schwirren aufgeregt herum – bis ich, verführt durch die Schönheit und Stille dieses einen Baums, winzige Zwischenräume in meinem Denken und Fühlen bemerke (das braucht viel Aufmerksamkeit), bis ich erfahre, wie frei sie sind, diese Räume, frei von mir selbst."

Schönheit hat in der modernen Kunst nur noch geringe Bedeutung. Sie wieder mehr in den Mittelpunkt zu rücken, könnte unserer zweckorientierten Welt guttun, meint der Autor.
Im folgenden Haiku ist das lyrische Ich leicht und frei, ja fast schwerelos:

Auf Seide gemalt
ein Kranich im Flug – wie leicht
ist mir dieses Kleid   S. 168

Ein Haiga auf der folgenden Seite bestätigt das.

Haiga Seite 169, © Rainer Mehringer

Und dann: Entfremdung, Verlust des Gewohnten und Sicheren – nur
13 Silben:

Plötzlich
auf meinem vertrauten Weg
fremde Menschen   S. 181

Ein ganz anderes Haiku (aus dem Herbst) wirft einen Blick auf die Art,
wie die Natur mit sich selbst umgeht, erschaffend und zerstörend:

78

Auch grüne Blätter
reißt der Wind vom Baum –
dann lässt er sie fallen   S. 222

Wie der Frosch ist auch die Krähe nahe an Bashō.

Auf dem alten Zaun
sitzt eine Krähe und schaut
dem Wanderer nach   S. 262

Mit diesen 17 Silben assoziiere ich Stille, Nachdenklichkeit, Sich-Erinnern.
Dazu passt eine Stelle aus den Zwischengedanken von Seite 291:

„Wenn ich der Stille […] nachhöre, mich ihr, vielleicht auch nur einen
Wimpernschlag lang, ganz hingebe, kann ich erfahren, wovon dieses kleine
Haiku spricht. Stille ist ein zauberhaftes, verzauberndes Wort.“

Die Stille
Nach dem Schrei des Vogels –
Unberührt   S. 291

Foto Seite 245, © Andrea Beck

79

Auch das umfangreichste Buch neigt sich schließlich seinem Ende zu – in diesem Fall mit einem kleinen Augenzwinkern:

Novemberfarben
schwarz-weiß-grau – und die rote Nase
des Sargträgers   S. 280

Es war mir eine Freude, mich in dieses Buch hineinzulesen, hineinzuschauen – ein gelungenes Werk.

Haiku und Foto: Eleonore Nickolay

Klaus-Dieter Wirth

Im Spiegel der Jahreszeiten

Im Spiegel der Jahreszeiten – Petrografiken & Haikus, von Michael Raith und Matthias Mross; Gestaltung: Fides Friedeberg, Erpel am Rhein; Layout & Herstellung: Wolfgang Siewert, Bonn; Druck & Bindung: PPP Pre Print Partner, Köln, 120 S., Softcover, Querformat 27 x 21 cm, ISBN: 978-3-000607-37-0.

Man kann es wohl nur als Glücksfall bezeichnen, wenn man auf etwas bisher noch nie Gesehenes aufmerksam gemacht wird. Und genau das trifft auf diese außergewöhnliche Publikation zu, in der 50 farbige Gesteinsgrafiken in Form von künstlerisch in kleinen Schritten verfremdeten Mikrofotografien so neben Haiku gerückt und durch sie ergänzt werden, dass sich dem Betrachter bzw. Leser umso größere Interpretationsspielräume eröffnen.

Michael Raith, emeritierter Professor für Petrologie in Bonn, erläutert das angewendete Verfahren wie folgt. „Geowissenschaftler analysieren Gesteinsproben mit Dünnschliffpräparaten. Indem man das Material in Scheibchen von ungefähr 0,03 Millimeter Dicke unter das Mikroskop legt und mit polarisiertem Licht beleuchtet, werden seine mineralischen Strukturen für das menschliche Auge wahrnehmbar. Der sich öffnende Mikrokosmos bietet dem Künstler eine unerschöpfliche Inspirationsquelle. In der Vielfalt kristalliner Strukturen und Farben lassen sich Motive der makrokosmischen Welt wiederfinden, die der Künstler, unter behutsamem Einsatz digitaler Werkzeuge, ausarbeitet.“

Matthias Mross, sein Neffe, Mathematiklehrer an einem Gymnasium, „sieht in der Beschäftigung mit Lyrik eine ideale Ergänzung zur Naturwissenschaft. Gedichte sind für ihn Fenster zur Welt – auch zur Innenwelt.“ Zweifelsohne kennt er sich auch schon ganz gut im für ihn eigentlich noch ziemlich neuen Haiku-Bereich aus. Keine künstlichen Silbenaufpolsterungen, kein unnatürlicher Telegrammstil, keine grammatischen Verwerfungen oder unmotivierte Zeilensprünge; nein, der Sprachduktus kommt schlicht und natürlich daher. Wenn, absolut gesehen, gewisse Aussageweisen, wie Aphorismen, Appelle, Folgerungen, persönliche Feststellungen einfließen, die in der Regel nicht als haikugemäß gelten, dann fallen sie jedoch letztlich in Korrespondenz mit ihrer Bezugsgrafik kaum mehr negativ ins Gewicht.

Das Grundkonzept orientiert sich (vgl. den Titel) am Ablauf der Jahreszeiten, wobei der Winter doppelt, nämlich am Anfang und Ende, zum Zuge kommt. Ansonsten ist jede Jahreszeit mit zehn Beispielen vertreten. Kurzum, ein äußerst interessantes, ungewöhnliches Projekt! Insbesondere die Bildausbeute ganz auf der Basis reiner Dinglichkeit erscheint einfach fantastisch, kaum glaubhaft in ihrer bizarren, visuellen Schönheit. Die Haiku ihrerseits erheben zu Recht nicht den Anspruch, die zugeordneten Grafiken zu erläutern. Sie sind vielmehr als den Blick leitende Ergänzungen gedacht, erste Assoziationen, an die der Leser anknüpfen kann. „Umgekehrt sollen die Grafiken den Zugang zu den Haiku, deren Aussagekraft sich nicht immer gleich erschließen mag, unterstützen."

Fazit: Geradezu zu beneiden dürfte derjenige sein, der sich mit dem Besitz dieser exklusiven Edition den Zugang zum Staunen gesichert hat!

Bild 13: **Frühlingsflur**
Plagioklas, Kugeldiorit; Korsika

Frühling

Lerchengesang nimmt
meine Sehnsucht hoch hinauf,
niemandem sichtbar.

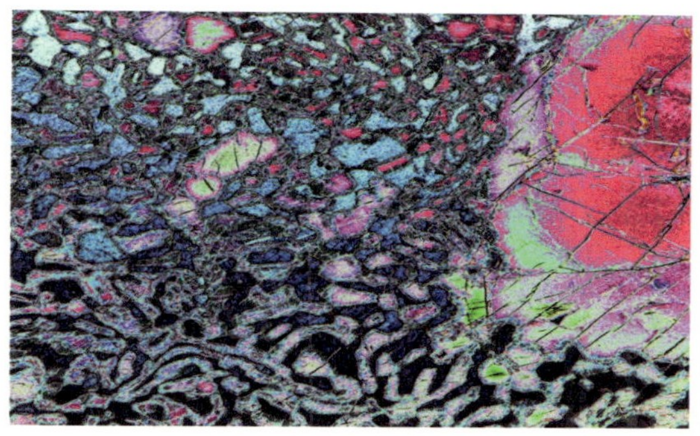

Bild 22: **Maurischer Garten**
Granat-Diopsid Symplektit, Granulit; Angul, Eastern Ghats, Indien

Sommer

Tau vom Rosenblatt
tropft in die Marmorschale
So zärtlich Dein Blick!

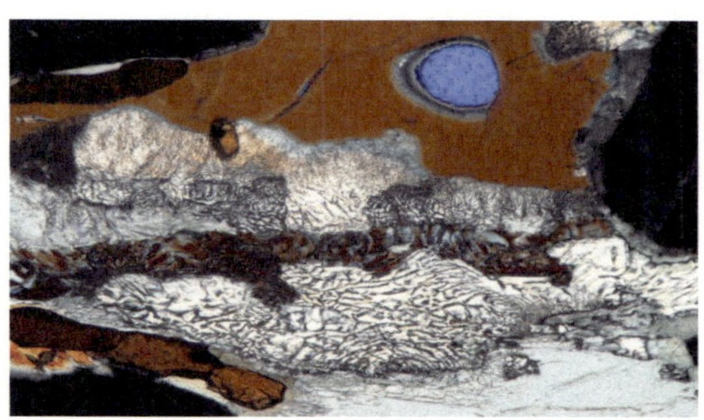

Bild 42: **Traumlandschaft**
Diopsid+Plagioklas-Symplektit, Eklogit;
Kupplerbrunn, Saualpe, Österreich

Winter

Einsamer Fremder.
Im Sand des Niemandslandes
verliert sich die Spur.

Der Autor hat sich bereit erklärt, sein Buch SOMMERGRAS-Lesern für
einen besonders günstigen Preis zukommen zu lassen. Kontaktinfo hierzu
ist seine Privat- bzw. E-Mail-Adresse:

Michael Raith, Roidestr. 19, 53359 Rheinbach; m.raith@uni-bonn.de
Sachinfos mit den Haiku zu den Bildern.

Rüdiger Jung

davongehuscht

davongehuscht, Haiku 2018, von Brigitte ten Brink.
(Bezug über die Autorin, Kelhofstr. l, 78465 Konstanz)

Wie viel Raum braucht es, ein Jahr literarisch zu dokumentieren? Für
Brigitte ten Brink in ihrem jüngsten Faltbüchlein zwölf Haiku, die jeweils
mit einem der Kalendermonate korrespondieren, „… und ein Extra".

„davongehuscht" ist ein schlüssiger, stimmiger, passender Titel für
solch ein minimalistisches Projekt. Und überhaupt für eine Haiku-
Sammlung: Nimmt doch das Haiku das Ephemere, Vergängliche wahr –
nicht ohne einen leisen Hauch von Wehmut. Festzuhalten ist nichts:

April

Frühlingsspaziergang
das Vogelzwitschern
nicht auf dem Foto

Wie gerne wird es gerühmt, das „fotografische Gedächtnis". Dabei deckt
es nur einen der Sinne ab, die unser Erleben ausmachen. Erinnerung ist
nicht machbar. Eher fällt sie einem zu, wird sie einem zuteil – im günstigs-
ten Falle als ein gnadenhaftes Geschenk:

Mai

Butterblumen
Kindheitserinnerungen
ein ganzes Feld voll

Für die Gegenwart kann Erinnerung durchaus auch kompromittierend geraten. Das nennt man dann Trauer:

September

Die Wiesenwege
meiner Kindheit
alle asphaltiert

Ausgerechnet für die Höhe des Jahres, den Sommer, stehen Texte, die aus langwieriger Klinikerfahrung resultieren:

Juni

davongehuscht
die Schritte der
Nachtschwester

Ein flüchtiges Wahrnehmen wird zum Inbild der gesamten Situation, ein flüchtiges Wahrnehmen im gestörten, immer wieder unterbrochenen Schlaf. Nachts, wo jede Sorge auf ein Vielfaches der realen Taggröße anwächst. Eine Sekunde zur schieren Unendlichkeit wird.

August

die Welt dort draußen
nur gespiegelt in offenen
Fensterscheiben

Das indirekte Wahrnehmen wird zum Signet der Sehnsucht, wo das Unmittelbare abhandengekommen ist. Ein Gefühl von Gefangenschaft, zumindest Lahmgelegtsein. Wer wird da nicht sogleich an Platons Höhlengleichnis erinnert?

Der vorletzte Kalendermonat ist gleichsam traditionell mit Trauer und Abschied konnotiert. Gerade hier aber vernehmen wir einen Kontrapunkt:

November

Allerheiligen
im Grabgesteck Zweige
vom Lebensbaum

Dieser Kontrapunkt lebt von der Ambivalenz des Wortes „Lebensbaum". Zunächst einmal spricht da die Botanik von der Gattung Thuja. „Lebensbaum" ist aber – mehr noch – ein Symbol für ein Leben, von dem der Tod nicht mehr beanspruchen kann, als ein Teil zu sein.

Auf dem schmalen Terrain des Haiku gewinnt jedes Wort, jede Silbe Gewicht:

…und ein Extra

Goldene Hochzeit
das Porzellan auf dem Tisch
makellos

Zunächst einmal steht da nur, was da steht: „Goldene Hochzeit / das Porzellan auf dem Tisch / makellos". Das Schlusswort, eigentlich ein Ausdruck höchsten Lobes, höchster Anerkennung, gerät unter der Hand zum Fragezeichen: Wer oder was ist denn nun „makellos"? Die ganze „Goldene Hochzeit" oder nur „das Porzellan auf dem Tisch" ?

Die Antwort gibt nicht die Autorin. Eher ist die Leserin/der Leser gefragt: Was weckt die erste Zeile bei Dir?

Ein Jahr in Haiku – halb lachenden, halb weinendes Auges. Bei aller Knappheit: ein erfülltes Jahr.

Rüdiger Jung

Afriku – Vienna meets Africa – Haiku

Afriku – Vienna meets Africa – Haiku aus dem und zum afrikanischen Kontinent
von Dr. Sylvia Bacher (Herausgeberin, Übersetzungen der Texte und Originalbeiträge),
Redaktion: Dr. Sylvia Bacher, Paul Dinter, Petra Sela, Dr. Traude Veran. Wien, Österreichische Haiku-Gesellschaft 2019. Dreisprachige Ausgabe (Englisch, Französisch, Deutsch). 188 Seiten. ISBN 978-3-950478-20-4.

„Die Bezeichnung Afriku wurde von Adjei Agyei-Baah für Haiku zur Eigenart und Einzigartigkeit des afrikanischen Kontinents geprägt (…)“ (S. 8, Anm.)

Die Herausgeberin umreißt Anliegen und Möglichkeit des vorliegenden Werkes wie folgt:

„In der vorliegenden Afriku-Anthologie ist es uns (…) möglich, die ausgewählten Autoren durch detailliertere biografische Angaben, mit Anführung ihrer wichtigsten Publikationen und ihrer Webpräsenz, ausführlicher vorzustellen (…) Die Texte, die nicht schon von den Autoren übersetzt waren, wurden ins Deutsche und Französische oder auch Englische übertragen, wenn möglich nahe am Original (…)“

„Wir haben in dieses Buch Haiku von insgesamt 42 Poetinnen und Poeten aufgenommen; von diesen stammen nur acht aus Arabisch-Afrika, aus Subsahara-Afrika hingegen 34 Teilnehmer. (…) Bei den Autoren aus Tunesien und Marokko spielen außer der Natur auch das private Umfeld, der Alltag eine wichtige Rolle, sodass neben Haiku auch das Senryu in Erscheinung tritt. In den Haiku aus Subsahara-Afrika nimmt die Natur einen wesentlichen Raum ein, was bei jüngeren Teilnehmern zu einer Besinnung auf die eigene Identität und dem Bedürfnis, diese zu unterstreichen, führt.“ (S. 129).

Zu den Afriku (in zwei Fällen auch Haibun) kommen die Biografien der Autorinnen und Autoren, die Kommentierungen einzelner Texte, ein Glossar und eine ganze Reihe hilfreicher Essays, die gute Hintergrundinformationen bieten. Manches lässt sich da auch über die poetologischen Positionen der Haiku-Schaffenden in Afrika erfahren – besonders eindrücklich für mich im Falle von Hugh Hodges:

„und alles, was das Haiku will, ist, dass Du Deine Sinne öffnest – für den Flügelschlag der Schmetterlinge und des betrunkenen Seemanns Kichern, die Silhouette der hockenden Eule vor Sonnenuntergang, den Geschmack eines eben erst gepflückten Apfels und Deinen Hund, der auf dem Bergpfad vorausläuft, die salzige Brise, wenn ich zu meinem Ferienhaus am Atlantik heimkomme." (S. 50)

Ein besonderer Dank sei der Redaktion für die Kommentierung einzelner Texte ausgesprochen, die ein Haiku wie „Kostprobe" von Diane Awerbuck (S. 29, 118ff) allererst zu erschließen ermöglicht.

Die Afriku sind sehr stimmungsvoll, was durch das Zitat einiger Beispiele belegt sei:

leere Sitze
in der Sonntagsschule des Dorfes
Sommerferien

    Barnabas I. Adeleke   S. 19

Verlassener Kai –
nur die Möwen warten
auf die Fischerboote

    Zakia El Haddad   S. 41

trockenes laub –
ich trete auf drei monate
sonne

    Sarra Masmoudi   S. 75
    (vgl. Kommentierung S. 116f.)

Jännersonne –
ein kleiner Junge rollt ein Rad
die staubige Straße hinunter

    Wanyama Patrick Wafula   S. 104

Auch Not und Elend der Menschen, die auf lebensgefährlichen Wegen nach Europa streben, klingen klar und deutlich an:

Den Pass in der Hand –
die Tränen schwerer
als das Gepäck

    Abderrahim Bensaid   S. 35

Eigenart und Einzigartigkeit, von denen in der Begriffsbestimmung des Afriku die Rede war, scheinen immer wieder auf:

Wolkenbruch
der Dorfpriester
redet in Zungen

    Ibrahim Nureni   S. 87

gelbe guaven
ich angle mir noch eine
mit dem spazierstock

    James Bundi   S. 145

Die Verknüpfung verschiedener Ebenen von Wirklichkeit gerät ebenso verblüffend:

nächtlicher traum
der klang meiner raumfähre
ein mückenstich

    Justice Joseph Prah   S. 95

Wie stimmig:

Sommersonnenwende
Zebras grasen
in Licht, und Schatten

    Maria Steyn   S. 101

Von großem Nachhall ist für mich die Deutung Diane Awerbucks zu dem in Genesis 8 berichteten Ende der Sintflut:

Olivenzweig
Der Rabe brach auf;
die Taube kam zurück mit ihrem Zweig.
Jetzt hast du's mit ihr zu tun.   S. 29

Wir erinnern uns: Noah lässt nach einem Raben drei Tauben (im Abstand von jeweils sieben Tagen) ausfliegen. Die erste kommt mit nichts zurück, die zweite mit einem Ölzweig; erst die dritte kehrt nicht wieder und wird damit zum Signal der wieder bewohnbaren Erde. Überdies ist die Taube mit dem Ölzweig zum klassischen Friedenssymbol geworden. Für die Deutung des Haiku ergeben sich aus der Schlusszeile verblüffende Perspektiven: Nicht der Ausnahmezustand ist das Schwierigste, sondern sich dem neuen Leben zu öffnen und es zu bestehen. Nicht zum Frieden zu gelangen ist das Schwierigste, sondern ihn zu halten und bewahren, ihn zu leben.

Ein Afriku für die ganze Erde!

Haiku und Foto: Horst-Oliver Buchholz

Brigitte ten Brink

Too Small For Meat

Too Small For Meat. Haiku aus dem Jahr 2018 von Barnabas I. Adeleke. 38 Seiten. Als PDF veröffentlicht unter dem Link: https://africahaikunetwork.files.wordpress.com/2019/01/too-small-for-meat.pdf Der folgende Link https://www.barnabasadeleke.com/ führt zur Homepage von Barnabas I. Adeleke

Barnabas I. Adeleke lebt in Osogbo, Nigeria. Er zeichnet und fotografiert und schreibt seit 2014 Haiku. Er ist Mitglied des *African Haiku Network* und Nigerias Botschafter bei der *United Haiku und Tanka Society*, USA und Gewinner mehrerer Haiku-Preise.

Too Small For Meat entstand im Jahr 2018 als sogenanntes „chapbook", als kleines Einsteckbüchlein, das ganz unkompliziert überall mit hingenommen werden kann.

Adeleke selber trifft in diesem Buch eine Unterscheidung zwischen Haiku und Senryu, und so enthält dieses Werk neben den siebzehn Haiku auch vier Senryu und als zusätzliche Augenweide neun Fotografien von Barnabas I. Adeleke. Diese Fotografien sind mindestens so beeindruckend wie seine Verse. Gestochen scharf und eindrucksvoll porträtieren sie Insekten und Pflanzen.

Der Titel dieses Buches *Too Small For Meat*, zu klein als Fleisch (-stück zum Essen), ist die Anfangszeile eines Haiku von Barnabas I. Adeleke. In dieser Anfangszeile wird auch ein Merkmal des Haiku thematisiert, seine „Kleinheit", seine Kürze, die es vielleicht für einige Leser nicht zu einem wirklichen Stück Literatur macht und dadurch unterschätzt wird. Das vollständige Haiku

too small for meat …	zu klein zum Essen …
the jogger leaves a snail	der Jogger lässt die Schnecke
to cross the path	den Weg queren

S. 6 und S. 13

drückt die Wertschätzung aus, die auch kleinen, unscheinbaren Dingen gegenüber angebracht ist. Im Haiku ist es die Wertschätzung gegenüber kleinen Lebewesen, wie hier der Schnecke. Übertragen auf das Haiku bedeutet dies, dass dieses minimalistische Format, ohne viele Worte zu benutzen, in der Lage ist, tief gehende Inhalte zu vermitteln.

Barnabas I. Adeleke schreibt über alltägliche Situationen, in denen häufig kleine Tiere eine Rolle spielen, und erinnert dabei an Issa:

making less heat than usual … sparrows nest by the hearth	weniger heizen als üblich … ein Spatzennest neben dem Herd

S. 05

Am Herd nisten Spatzen. Aus Rücksicht auf die kleinen Vögel darf nicht zu heftig angefeuert werden.

the urge to yawn in this fly-infested loo … long day	das Bedürfnis zu Gähnen in diesem von Fliegen befallenen Klo … ein langer Tag

S. 22

flying termites – the maid switches off the lamp and lets moonbeams in	Termiten fliegen – das Dienstmädchen löscht das Licht und lässt den Mond herein

S. 24

Um keine fliegenden Termiten anzulocken, schaltet das Mädchen das Licht aus und lässt damit den Mondschein, eine natürliche Lichtquelle, ins Haus.

Er schreibt über das Leben in einer unwirtlichen Welt:

autumn floods … the emergency shelter ankle deep	Herbstfluten in der Notunterkunft steht das Wasser knöcheltief.

S. 11

Und über das Leben auf dem Land:

<table>
<tr><td>

fogbound village –
the old bus leaves a trail
of fumes

</td><td>

Dorf im Nebel
der alte Bus hinterlässt
eine Qualmwolke

</td></tr>
</table>

S. 17

Barnabas I. Adelekes Haiku stehen immer im Zusammenhang mit einer Jahreszeit oder haben einen Bezug zur Natur. In den vier Senryu, mit denen das Buch abschließt, ist dieses nicht der Fall. Sie schöpfen ihre Wirkung und ihre Kraft aus der prägnanten Beschreibung einer politischen, sozialen oder gesellschaftlichen Begebenheit.

<table>
<tr><td>

machine-gun fire
the cassocked priest scampers
to a nearby mosque

</td><td>

Maschinengewehrsalve
der Priester in der Soutane huscht
in die nahegelegene Moschee

</td></tr>
</table>

S. 34

Im Maschinengewehrfeuer flieht ein Priester in der Soutane in die nahegelegene Moschee.

Aber auch um Betrug und Konkurrenz, wie sie überall auf der Welt vorkommen:

<table>
<tr><td>

home again
the smell of a strange cologne
on the marriage bed

</td><td>

wieder daheim
der Duft eines fremden Parfums im Ehebett

</td></tr>
</table>

S. 36

Wer mehr Haiku aus Afrika lesen möchte, dem sei das Buch *Afriku *– Vienna meets Afrika – Haiku* der Österreichischen Haiku-Gesellschaft, herausgegeben von Sylvia Bacher, aufs Wärmste empfohlen.
ISBN 978-3-950478-20-4.
Mehr Informationen unter:
http://oesterr-haikuges.at/wb/pages/publikationen-der-oehg.php

Dieses Buch vereinigt Haiku-Schreiber aus den verschiedensten Ländern des afrikanischen Kontinents und vermittelt einen tiefen und umfassenden Einblick in die afrikanische Haiku-Szene.

Und hier noch zwei weitere Links, die einen Einblick in die bemerkenswerte Welt der afrikanischen Haiku-Szene bieten:

Einmal der Link zur offiziellen Webseite der Herausgeber des afrikanischen Haiku-Journals *The Mamba*:

https://africahaikunetwork.wordpress.com/contact/

sowie der direkte Link zur 17. Ausgabe *The Mamba* vom März diesen Jahres https://africahaikunetwork.files.wordpress.com/2019/03/mamba-issue-7-2.pdf

Afriku ist auch der Titel eines Haiku-Buches von Adjei Agyei-Baah. Er prägte diesen Begriff, um die Besonderheit der Haiku des afrikanischen Kontinents zu unterstreichen.

Traude Veran

Die Klanglaterne

Die Klanglaterne. Gedichte 17-Silber – 19-Silber. Joachim Gunter Hammer: Verlagshaus Hernals, Wien 2019, ISBN 978-3-902975-77-5.

Hammer spricht nicht von Haiku, seine Kurzgedichte unterwerfen sich keinem Einfluss von außen, sie versprachlichen persönliche Augenblicke. Nach diesen richtet sich auch die Form: Zwischendurch stehen immer wieder längere Texte, deren Rhythmus gleichwohl nie den 17er- bzw. 19er-Vers verleugnet. Ab und zu prägt sich die Laterne der Form auf (S. 98, 186), diskret, man muss genau hinschauen; dann aber leuchtet sie und klingt.

Als Führer durch das Land der Sinne, dieses *Farbenspiel aus Stille und Erklingen,* bieten sich in aller Bescheidenheit wieder die chinesischen Freunde an, sie, die *sind und nicht sind.* Inzwischen haben sie eine Schule begründet, die *Vortaifunoiker,* die den Pilger durch die vielen Kapitel weisen. Das brauchen wir auch bei dieser Fülle von Eindrücken. Sehen und Hören verspricht die Klanglaterne, doch da finden sich nicht nur Farben und Töne; alle Sinne werden einbezogen, ineinander verwoben.

Programmatisch das erste Kapitel: *Laterna Musica*. In einem Regenbogengedicht das Wort *unerhört* zu verwenden oder Das *Licht flöten gehen* zu lassen, ist hilfreich für mich, die vermeintlich jeden ihrer Sinne getrennt für sich erlebt. *Violett / der Agnostiker Glocken* schwingt in mir nach. Hammers sprudelnder Ideenreichtum führt zu Synästhesien, die mich überrascht erkennen lassen, wie nah einander die Erlebnisse sind, die das Ich durch verschiedene Eingangspforten betreten. Und wie sich solche Pforten durch verschlungene Pfade vernetzen.

Frühmorgens glitzern
zwischen Stauden drei Spinnen –
Rondos entgegen

Ach, meine doppelsinnigen Gedanken: Um den Netzkreis tanzen! Bewegung, Berührung, silbrig-klebrige Begrenzung … So anschaulich sind die Bilder, dass ich sie auf der Haut fühle, ebenso wie die raue, grüne *Hand der Araukarie*, die ihre Beschaffenheit schon im Namen andeutet. Die Haut staunt, denn:

Ein Meteoritenbruchstück
vom Mars trägt sie
goldgefasst am Hals

Da kollern im Schlaf
durch ein Leck im Boot
Steine aus anderem Fluss

Ich höre sie rasseln, sehe die vielfältigen Farben der fremden Steine, spüre ihre feste Körperlichkeit und ihre kühle Nässe, die die Unscheinbaren erst erstrahlen lässt.

Hammer, der Naturwissenschaftler, staunt um nichts weniger, wie sich der Farbenbogen zu einem Weiß, das doch nicht darin enthalten ist, faltet und im Prisma wieder entfaltet. Und er spürt, das meine ich ganz physisch: mit den Fingerspitzen, den Farben der Materie nach: *Tipp-Ex aufs jubelnde Farbwort.*

> Von rückwärts nun die Verse
> besonnen löschen,
> bis alles ganz weiß

Die Identität der Gegensätze wird deutlich, der *rabenweiße Lampion.* Immer wieder begegnet uns die zwiespältige Faszination des Weiß' als hilfreichem und besänftigendem (*weißer Olivenzweig*), aber auch bösartigem und ängstigendem Phänomen:

> Stand plötzlich die Ent
> täuschung weiß auf aller Verse
> Druckerschwärze

Weiß ist das Schweigen der Farben, die doch, verborgen, vorhanden sind. *Farblauschen* nennt es Hammer.

> Ein Schweigen, das für alle
> Worte steht, aus was
> für einer Kehle!

Melancholie zeigt sich als Begleitmelodie zum freudigen Staunen; nichts könnte sie besser ausdrücken als der Titel für *17 Neunzehnsilber. Windlichter auf einer Wanderdüne.* Aber selbst diese Stimmung erlebe ich über alle Sinne: Der haptische Eindruck ist ebenso zwingend wie das Rauschen und Rieseln.

So verbinden sich die Eindrücke zu einem verschlungenen, ebenso realen wie unkörperlichen Band, einer *Seltsamen Schleife*, einem Möbiusband. Und gewähren uns gerade damit die wunderbarsten Erlebnisse.

Ellen Althaus-Rojas

Gesplitterte Zeit

Gesplitterte Zeit – Haiku und Haibun von Horst-Oliver Buchholz. Books on Demand, Norderstedt 2019. 140 Seiten. ISBN 978-3-749452-24-8.

> To see a World in a Grain of Sand
> And a Heaven in a Wild Flower,
> Hold Infinity in the palm of your hand
> And Eternity in an hour.
> William Blake

Tempus fugit … Dem Flüchtigen der Zeit setzt Horst-Oliver Buchholz mit seinen zwischen 2011 und 2018 auf Reisen entstandenen Haiku und Haibun das Bleibende des einzelnen Moments, das Ewige im Vergänglichen entgegen und legt unter dem Titel *Gesplitterte Zeit* eine Sammlung feinster poetischer Miniaturen vor. Ungekünstelt, konkret, fast puristisch, in jedem Falle aber zeitlos wirkt das handliche Bändchen mit matt-weißem Einband, auf dem unter in zurückhaltendem Blau-Grau gehaltenen Titel ein Schwarzweiß-Foto eines Bahnsteigs und eines dahinterliegenden weißen Gebäudes – südländisch anmutend mit seinen Markisen – den Leser thematisch ins Bild setzt: Unterwegssein, Abschiednehmen und Ankommen im Außen und Innen – darum geht es.

> Reisezug
> all die Orte
> ohne Halt

Streng geometrische Linien, aufgebrochen nur bei näherem Hinsehen, durch die schwungvollen Bögen eines Graffitos auf einem Stützpfeiler laden zum genauen Hinsehen ein. Bauhausarchitektur und ihr bestimmendes Prinzip Form folgt Funktion, denke ich. Ob es so weitergeht? Ja, die klare Linienführung ist kennzeichnend für Stil und Struktur des Autors Horst-Oliver Buchholz und seiner Texte. Er verleiht ihnen – ganz im

Sinne japanischer Haiku-Tradition – etwas, das über ihren „Ursprung hinausweist in etwas Größeres, etwas Allgemeineres", so formuliert er selbst in seinem Vorwort. Er lässt seinen Texten Luft zum Atmen und ihren Lesern Raum, die „Sekunde der Poesie" zu spüren.

die Ruhe des Steins
der ins Wasser sinkend
seine Kreise zieht

Ein Kaleidoskop fragmentarisch skizzierter Erfahrungen, Gedanken, Emotionen, Einsichten und Erlebnisse, am Schmelzpunkt zur Poesie erfasst, lässt den Leser teilhaben an einer zeitlosen Reise von Neujahr zu Neujahr, durch das Jahr und seine Zeiten,

Neujahrsnacht
ihre Hand umschließt
eine Orange

das Leben und seine Phasen:

wie wenn in diesem Herbst
mehr Blätter fielen
als in Kindertagen

der Friedhof am Gleisbett
… Züge kommen und gehen

durch den Alltag in Städten:

die Rolltreppe steht.
ins Dunkel hinab
tänzelt ein Kind

Straßenmusik
die flüchtigen Töne
tapsender Menschen

98

die Stille des Bettlers
kein Klimpern
in seinem Becher

wie Berlin:

übers Mahnmal
ein Vogelschatten
war's eine Taube?

wie Paris:

Arc de Triomphe
die Menschen ganz oben
ganz klein

und

Aleppo …
die Augen der Ruinen
und die der Kinder

Dem feinfühligen Gespür des Autors für die Magie des Augenblicks folgend schaut, sieht, betrachtet und begegnet man dem Unsichtbaren im Sichtbaren, spürt in minimalistisch kondensierter Metrik und Sprache die Wucht des Augenblicks in all seiner Einzigartigkeit, in all seinen Facetten.

gebrochenes Glas …
alles was blieb
vom Feste

das Elend am Bahnhof
    … mein Schweigen

Über einhundert atmosphärische Zeitsplitter reihen sich filigran komponierte Haiku – wie Wegmarken zu einem Vademekum durch Zeit und Raum.

der Tag geht
die Wärme gedehnt
bis ins Blaue

Vierzehn vom Leben und Reisen erzählende Haibun unterbrechen die Haiku-Sequenzen stets an der richtigen Stelle. Seite um Seite ein Text – sich unterscheidend nur im Satz, mal eingerückt, mal nicht. Maximal unaufdringlich im Satz. Von belebender Wirkung sind die Haibun, sensorisch erlebbar, schaffen in schwarz-weißer Zurückhaltung bunte Bilder, Szenen wie im Film, sind dabei von solcher Leichtigkeit, feinfühliger lyrischer Architektur und großer empathischer Kraft, dass man ihrem Echo nicht entgeht. Jedem Einzelnen von ihnen wohnt eine eigene magische Musikalität inne. Die Worte wie Töne arrangiert! Mir kamen beim Lesen Kompositionen Erik Saties in den Sinn, wohlgesetzt, feinfühlig dem Rhythmus des Herzens folgend – so empfinde ich die Haiku und Haibun, die Horst-Oliver Buchholz ganz im Sinne der japanischen Tradition und zeitloser Modernität meisterhaft gelungen sind. Sie besitzen poetische Gültigkeit über die Grenzen der Zeit hinaus.

zurück von der Reise
die unerforschten Orte
in mir

Haiku: Claudia Brefeld, Foto: Paul Bernhard

101

Rüdiger Jung

Sand in der Uhr / bin auch ich

Sand in der Uhr / bin auch ich, 22 Tanka, inspiriert durch Holzschnitte von Kyoshi Hasegawa. 2019 im bon-say-verlag. Gabriele Hartmann, Ober der Jagdwiese 3, 57629 Höchstenbach. www.bon-say.de

Das wechselseitige Zwiegespräch von Lyrik und bildender Kunst hat eine lange Tradition, deren Wege und Erscheinungsformen Prof. Gisbert Kranz in seinen Standardwerken zum Thema eindrücklich erfasst und protokolliert hat.

Im „Bildgespräch" der Kölner/New Yorker Autorin Margot Scharpenberg hat diese literarische Form ihre besondere Zuspitzung erfahren. Solchem „Bildgespräch" ist auch die fernöstliche Kunst offen – und reizt hier natürlich besonders zum Kurzgedicht nach japanischem Vorbild. Gabriele Hartmann hat sich der Herausforderung durch die Holzschnitte Kyoshi Hasegawas gestellt – in 22 Tanka, deren buchstäbliches Zwiegespräch ein so bemerkenswertes Resultat gezeitigt hat, dass ich zum Lob ein so altes wie kostbares Wort bemühen muss: ein Kleinod! Das Tanka ist als Gedichtgattung kurz und konzentriert und hat gleichwohl dem Haiku gegenüber, das an-deutet, etwas an-reißt, jenen längeren Atem, der eine Stimmung, eine Atmosphäre ausschwingen lässt. Unwillkürlich erweitern westliche Literatur, aber auch bildende Kunst die Konnotationshöfe dieser eindrücklichen Wort-Bild-Begegnungen. Das Bild zu Seite 1 (den paginierten Textseiten steht jeweils eine unpaginierte Seite mit der Reproduktion des Kunstwerks gegenüber) lässt an Günter Eich denken („wo ich wohne"). Füchsin und Fuchs sind gleichermaßen Fascinans (S. 4) und Tremendum (S. 9) – im letztgenannten Fall könnte die Erinnerung an Henri Boscos „Esel mit der Samthose" wach werden. Dicht auf den F/Versen der Bilder umspielen die Tanka der Seiten 10 und 11 die These vom Homo ludens. Gegenüber Seite 18 wird die Reminiszenz zu van Gogh greifbar, gegenüber Seite 7 jene zu so unterschiedlichen Protagonisten der Kunstgeschichte wie Vermeer, Magritte, M. C. Escher. Text und Bild teilen da eine klaustrophobische Stimmung:

am Seidenfaden
hängend übte ich fliegen
sah ich doch
in einer Kugel das Fenster
aber ach – es ist geschlossen   S. 7

Der Buchtitel ist jener Anmutung von Wehmut und Verletzlichkeit nahe, die der japanischen Poesie seit ihren Anfängen eingeschrieben ist; passend dazu ein Notat der Vergänglichkeit:

wie üppig doch
Blüten borden des Nachts
im Sake-Traum
und wie sie welken
bleich am Morgen   S. 8

In geradezu biblischer Manier wird der Vergänglichkeit des Menschen aber auch ein zumindest ansatzweise positives Attribut zugesprochen – jenes nämlich der ausgleichenden Gerechtigkeit:

im Schatten von Schloss
und Kirche spielten wir einst
mit den Kindern
der Herrschaft und werden einst
mit ihnen dort begraben   S. 13

„einst" – spiegelbildlich am Ende der zweiten wie der zweitletzten Zeile – könnte den Zug der Endlichkeit schon relativieren: indem es zu beidem, zur Vergangenheit (Zeile 2) wie zur Zukunft (Zeile 4) die Verbindung herzustellen vermag. Tatsächlich erschleicht sich in den Texten die zyklische Wahrnehmung der Zeit das Vorrecht gegenüber der linearen:

schließt sich der Kreis
von Werden und Vergehen
ums andre Mal
dreh ich die Sanduhr um
und lausch dem Spott der Drossel   S. 2

Ein Taschenspieler-Trick, den „der Spott der Drossel" bloßstellt? Nicht unbedingt! Die Autorin jedenfalls bleibt sich treu, indem sie dem möglichen linearen Schluss („erst oben, dann unten") den iterativen, zyklischen vorzieht:

> wie die Rose blüht
> und welkt, so welkt
> die Zeit und blüht
> wie der Sand in der Uhr
> bin auch ich – mal oben, mal unten   S. 12

Der Chiasmus der ersten drei Zeilen hat den Aufstand, den Tabu-Bruch gegen die dräuende Macht der Sanduhr als barocker Vanitas schon eingeleitet: Das leise, winzige „mal" fordert die Ewigkeit! Ein Hintergrund, der die Resilienz auf S. 18 fassbarer macht:

> der Mensch
> zwischen Himmel und Erde
> gestutzt
> wie jene Ulme
> grünt Jahr für Jahr aufs neu   S. 18

Da nimmt es auch nicht mehr Wunder, dass da, wo eigentlich das Kalkül, die Determination die Oberhand hat, plötzlich die Freiheit diese für sich in Anspruch nimmt:

> am Ende
> kannte ich alle
> Bauern und König
> und sang nach jedem Glas
> ihr Lied von der Freiheit   S. 10

Wo das Haiku vielleicht einen spröden Kuss zulässt, taugt ein Tanka schon zur innigen Umarmung. Die Liebesgedichte unter den Tanka Gabriele Hartmanns – präzise und genau wie die übrigen Texte – wollte ich nicht missen:

104

das Universum
in einer Hutschachtel
navigiere ich
durch ein Wurmloch
meine Gedanken zu dir   S. 3

Das „Wurmloch" despektierlich zu lesen – im Blick auf den Minima-
lismus – ginge fehl. Reicht doch die kleine fünfzeilige und in ihrem
Ursprung 31-silbige Form vollkommen aus, aller Ambivalenz Raum zu
geben:

ich wünschte mir
die Sterne vom Himmel
holte sie dir herab …
langsam wird es eng
in meinem Schneckenhaus   S. 6

Ständig schweift mein Blick beim Lesen dieses Buches vom Bild zum Text
zum Bild zum Text … wenn das nicht Beleg genug ist – für ein gelunge-
nes, den Leser/Betrachter einbeziehendes, faszinierendes Zwiegespräch!

Rüdiger Jung

You Want It Darker

You Want It Darker, Brigitte ten Brink und Gabriele Hartmann, acht Renhai, inspiriert
durch das gleichnamige Album von Leonard Cohen. Zwölf Seiten. 2019.
bon-say-verlag, Gabriele Hartmann, Ober der Jagdwiese 3, 57629 Höchstenbach.
www.bon-say.de

Kein Zweifel: Das letzte Album Leonhard Cohens war eines der bemer-
kenswertesten der letzten Jahre. Etwas Geringes haben sich die Autorin-
nen also keineswegs vorgenommen, als sie es zum Ausgangspunkt ihrer
Renhai machten. Der Interpretationsansätze sind viele: der biografische –

geht es doch um nicht weniger als das Vermächtnis Cohen –, der philosophische, theologische, zeit- oder auch kulturgeschichtliche. Weil das partnerschaftliche Lyrikwerk nicht hinter alledem verschwinden soll, möchte ich einen anderen Zugang nutzen – indem ich zwei Renhai, die mich besonders ansprechen, einer näheren Betrachtung unterziehe.

große Rochade
einer der Spieler sprengt
seine Ketten

leaving the table
stürzende Linien

das Bauernopfer
erhobenen Hauptes
abgelehnt

GH / GH / BtB

Die Rochade des Königs und eines seiner Türme (je nach Entfernung kleine oder große Rochade) kann eine Sicherheitsmaßnahme im Schach sein, Winkelzug auf dem Weg zu einer sicheren Verteidigungsbastion. Die Dichtung legt eher Offensiv-Werden nahe, ein Entkommen aus der Lähmung: „einer der Spieler sprengt / seine Ketten". Der Mittelteil „*leaving the table* / stürzende Linien" lenkt die Gedanken eher in Richtung Kapitulation. Mit welch einer Würde aber vollzieht diese der Schluss: „das Bauernopfer / erhobenen Hauptes / abgelehnt". Das „Bauernopfer" kann die Niederlage vermutlich nicht verhindern, allenfalls herauszögern. Der König, der das „abgelehnt" hat, tat es mit vollem Recht „erhobenen Hauptes". Genau diese Art von Oberbefehlshabern ist, historisch gesprochen, Mangelware Nummer eins!

zu Asche, zu Staub
neben der Haltestelle
sammeln sich Kippen

traveling light
wir zählen Sternschnuppen

im Gepäck
zu viele Wünsche und die
alte Gitarre

GH / GH / BtB

Die „Haltestelle" ist kein schlechter Ort – für Innehalten, Meditation, Metaphysik. Noch der jämmerlichste Zigarettenstummel kann zum Signet werden für das biblische „Erde zu Erde". *traveling light* ist demnach die Conditio humana – auf der Suche nach Glück. Der „Wünsche" sind leider immer wieder sehr viel mehr als „Sternschnuppen".

Haiku und Foto: Gabriele Hartmann

Eleonore Nickolay

Mußestunden

Mußestunden, Haiku, Rita Rosen, Bilder, Petra Ehrnsperger, Selbstverlag, r.rosen@gmx.de, Wiesbaden 2019.

Bei einer Tasse Tee mache ich es mir an meinem Lieblingsplatz gemütlich und schlage den neuen Haiku-Band von Rita Rosen auf. Der Titel „Muße-stunden" sowie die ansprechende Umschlaggestaltung der Künstlerin Petra Ehrnsperger verheißen eine angenehme, ja geradezu meditative Lektüre. Ich tauche ein in die kleinen, scheinbar unbedeutenden Dinge der Haiku-Welt, in der ein Wolkengebilde, ein Sonnenstrahl oder ein einziges braunes Blatt im Mittelpunkt stehen können:

Wolken
orakelhafte Gebilde
der Wind entschlüsselt sie

erster Sonnenstrahl
in der Ecke des Balkons –
meine Haut so blass

braunes Blatt
auf regengrauer Terrasse –
der Herbstwind kleckste

Mit Achtsamkeit nimmt die Dichterin wahr, was sie umgibt und stimmt mich nachdenklich.

das Krächzen der Zugvögel
über mir
wieder
schon

Der allzu rasch wiederkehrende Herbst, die Jahre fliegen dahin: Ich erahne das Schaudern vor der eigenen Vergänglichkeit.

am Straßenrand
sorgfältig gehäufte Blätter –
ein Kind springt hinein

Die Ordnung der Erwachsenenwelt, wie sie heiter und sorglos nur von einem Kind durcheinandergebracht werden kann.

Sternschnuppenregen –
zu viele Wünsche über dem
dunklen Garten

Was mag der dunkle Garten an Nöten verbergen, dass es nicht einmal genug Sternschnuppen zu geben scheint, um sie alle wegzuwünschen?

Doch auch an „lustigen Versen", die mich zum Schmunzeln bringen, mangelt es nicht:

Graffiti an der Straßenmauer
Jens liebt Uschi –
und sie?

Ich blättere weiter, und der Nachhall der Haiku intensiviert sich noch bei der Betrachtung der Illustrationen von Petra Ehrnsperger. In den teils verfremdeten Naturmotiven, teils abstrakten Bildern aus abwechselnd feinen und großflächigen Farbstrichen antwortet die Künstlerin einfühlsam auf die Stimmungen und Aussagen der Dichtung und verdichtet damit den meditativen Sog, in den ich nach und nach, von Seite zu Seite, gerate.

im Hof der Moschee
Stille
selbst der Brunnen lautlos

feingeharkt der Sand
im Tempelgarten –
Schritte nahen schon

Sacht schließe ich das schöne Buch und bleibe noch eine Weile ruhig
sitzen …

Haiku: Claudia Brefeld, Foto: Paul Bernhard

Berichte

Beate Wirth-Ortmann

7. Haiku-Workshop Wiesbaden

Zum 7. Haiku-Workshop trafen sich am 14.04.2019 in der alten Robert-Koch-Schule 13 Unentwegte, nicht um wie der Namensgeber am Bunsenbrenner zu forschen, sondern um an ihren Haiku zu feilen.

Da zwei neue Gesichter ins Haiku-Leben einsteigen wollten, wurde noch einmal auf die DHG mit dem „SOMMERGRAS" sowie auf die Internetseiten „Haiku-heute.de" und das engl./dt. „Chrysanthemum" hingewiesen.

Als Einstieg wurde dann diskutiert, warum folgender Psalmvers nicht für ein Haiku geeignet ist:

Suche den Frieden und jage ihm nach, Ps. 34.15

Dagegen spricht, dass „Frieden" ein Abstraktum ist, die beiden Verben „suche – jage" Appellcharakter haben und damit eine direkte Ansprache an eine Person gerichtet ist, womit das „Ego" zu dominant wird; dies alles ist im Haiku unerwünscht.

Aus dem Kontext des Psalms ergibt sich aber, dass hier kein Imperativ vorliegt. Diese Feststellung erschließt sich jedoch nicht aus dem Vers allein.

Abstraktes im Haiku, verbunden mit Konkretem ist dagegen jederzeit machbar, wie folgendes Haiku zeigt:

fake news
die Aufrichtigkeit
im Gesang der Amsel

Der weitere theoretische Teil befasste sich mit dem schwierigen Thema

„Haiku-Geist", der hier verkürzt wiedergegeben wird.

Das westliche Denken, in dem u. a. „Gefühl", „romantisches Empfinden", „wertendes Beschreiben", „Verknüpfen von Raum und Zeit", das „lyrische Ich" und die philosophischen Fragen des „Warum, Woher, Wohin" vorherrschen, immer ausgehend vom Menschen zum Objekt, kommt mit dem japanischen „Haiku-Geist" an seine Grenzen.

Der japanische Haiku-Autor bleibt passiver Teilhaber aller Phänomene im Kosmos. Er wird vom Gegenstand seiner Zufallsentdeckung um ihn herum angerührt und empfindet ebenso wie etwa die Ameise, der Fluss oder der Stein.

Dabei verschwinden die prägenden, westlichen Vorstellungen von Zeit und Raum, von Pause und Dauer, von Lücke und Leere (ma), ausgedrückt in schlichter, aufs Nötigste beschränkter Wortwahl.

Während im westlichen Denken das Offensichtliche gesagt wird, bleibt im japanischen Kulturbewussten das Wesentliche in mysteriösen Erscheinungsformen verborgen (yugen). Ziel ist es daher, im Haiku das Dasein als Harmonie von Alltäglichem mit der Wahrhaftigkeit des Augenblicks zu erfahren, sich zugleich in einem Zustand des „Außer-sich-Seins" zu befinden.

Ein weiteres, grundsätzliches Kriterium des Haiku ist die Erhabenheit des Unvollkommenen (wabi-sabi), selbst die welkenden Blütenblätter des Ikebana sind Ausdruck der Flüchtigkeit der Dinge und werden liegengelassen.

Um die Naturgesetzmäßigkeit, die „Heiligkeit" des Universums zu verinnerlichen, benötigt der Autor Herz, Geist, Seele, inneres Gespür (kokoro) und die Ehrfurcht vor allem Seienden, das auch die sogenannte „tote Materie" beinhaltet.

Der Nachmittag war dann wieder gefüllt mit den Haiku der Teilnehmer. Auffällig war bei den „alten Hasen", dass sich fast keine Änderungsvorschläge ergaben, was bezeugt, dass der „Haiku-Geist" schon auf sehr fruchtbaren Boden gefallen ist.

Eine Auswahl:

der waldsee
ein wind löscht
die bäume

Glück setz dich
auf meinen Stuhl
ich werde dir ein Lied singen

Nach frostklarer Nacht
zart und weiß im Morgenlicht
erster Schmetterling

Vor ihr
der Pferdeschwanz
wippt heftig

Farben schaukeln
Farben sitzen mitten in
Farben der Wiese

Original:

Am Teich ganz still
kreist aufgeregt die Libelle
wo ist der Frosch?

Stille am Fluss
nur die Fliegen tanzen
platsch! Ein Karpfen

Wo jetzt der Weißdorn blüht
fand man sie
tot

eine Amsel
hebt den Kopf
in ihren Frühling

Im Weizenfeld
ein leises Knistern
es duftet nach Brot

nach dem sturm
der wegweiser
umorientiert

Veränderungsvorschläge:

Am Teich ganz still
zickzack / unstet die Libelle
kein Frosch

Volker Friebel

Preis der Netzpräsenz „Haiku heute"

Im Frühjahr 2019 schrieb „Haiku heute" erstmals einen Haiku-Preis aus. Materielles war nicht zu gewinnen, aber für die ersten drei Plätze ein Zertifikat für ihren schönen Erfolg sowie für alle Ausgewählten reichlich Ruhm und Ehre. Im Sommer 2019 standen die Ergebnisse fest. Hier sind die Sieger-Texte:

Platz 1

karfreitag
ein schmetterling
bricht das tanzverbot
> Tobias Tiefensee

Platz 2

klosterarbeiten
zwischen golddraht und ikonen
ein leises fluchen
> Sonja Raab

Platz 3

Befund
Ich warte
auf das Aber
> Hans-Jürgen Göhrung

Acht weitere Texte kamen in die erweiterte Auswahl.

An der Jury beteiligten sich 25 Haiku-Autoren, die die letzten drei Jahre jeweils mit drei eigenen Texten im Haiku-Jahrbuch vertreten waren (siehe www.haiku-heute.de/jahrbuch). Zu bewerten waren 165 Texte von 87 Autoren. Allen Einsendern und Mitgliedern der Jury einen herzlichen Dank!

Der Haiku-Preis hat damit seine Feuerprobe bestanden und soll nun jedes Jahr ausgeschrieben werden. Jedes Jahr soll mit dem Haiku-Preis auch auf eine für das deutschsprachige Haiku wichtige Person hingewiesen werden.

Dieses erste Jahr ist der Haiku-Preis Mario Fitterer (1937–2009) gewidmet. Im Südschwarzwald zu Hause, hat er mit seinen eigenwilligen Gedichten, Haiku und Aufsätzen viele Autoren inspiriert und gilt im Haiku als eine der wichtigsten Stimmen deutscher Sprache. Mario Fitterer gehört zu den Gründungsmitgliedern der Deutschen Haiku-Gesellschaft. Seine Bücher (unten eine Auswahl) sind zum Teil noch antiquarisch erhältlich.

- Der Skilehrer warnt Schatten weiterzuwachsen. Haiku. 1990.
- Schonung in Schwarzhalden. Gedichte. 1990.
- der springende stein. Haiku und ein Dialog. 1993.
- Klingendes Licht. 32 Heliolithe. 1996.
- Solo in Buonconvento. Gedichte. 2001.
- EOS Es ist rot ÜBERHOLT. haiku und prosa. 2007.

Einige seiner Haiku sowie die bei *Haiku heute* veröffentlichten Aufsätze finden sich hier:

www.haiku-heute.de/mitarbeiter/mario-fitterer/

Kensuke Kashiwakura

Eine Haiku-Reise nach Berlin – Shapes of Haiku 2019

Am 13. April 2019 fand im Literaturhaus „Lettrétage" in Berlin eine Veranstaltung im Rahmen des „Shapes of Haiku", ein Festival für Literatur, Kunst und Musik im Bergmannkiez statt.

Als japanischer Haiku-Dichter leitete ich gemeinsam mit der deutschen Haiku-Dichterin Frau Petra Klingl einen Workshop.

Frau Klingl begann mit Ausführungen über die Haiku-Geschichte, was ein Haiku ist und wie man es schreibt. Im Ergebnis verfassten die 14 Teilnehmer/-innen eigene Haiku zum Thema „Wasser".

Dann schloss sich unter meiner Regie eine Haiku-Zeremonie nach japanischer Art an. Die Haiku-Zeremonie, die sich „Kukai" nennt, ist in Japan weit verbreitet und sehr beliebt. Die Teilnehmer/-innen schrieben ihre eigenen Haiku, jeweils eins, anonym auf einen kleinen Zettel. Diese wurden eingesammelt, durcheinandergemischt, und wieder ausgeteilt. Jeder trug die erhaltenen Haiku in eine Liste ein, die nach der festgelegten Sitzreihenfolge nummeriert war. Danach wurden diese Listen dann einmal reihum weitergereicht. Jeder wählte die zwei Gedichte aus, die ihn besonders ansprachen.

Erst nachdem jeder seine Auswahl vorgelesen hatte, die Punkte gezählt waren, wurden die Namen der Autoren bekannt gegeben.

Das folgende Haiku wurde am häufigsten von den Teilnehmern ausgewählt:

Farbenspiele
auf nassen Asphalt
Stadt fließend

    Stephanie Mattner

Stephanie Mattners Haiku war auch mein Favorit. Diese farbenfrohe Momentaufnahme der regnerischen modernen Stadt war zweifellos eines der überragenden Ergebnisse unseres Workshops.

Dieses Kukai, wie wir es durchführten, ist ein gegenseitiges Bewertungssystem, wo alle gleichsam daran kreativ teilnehmen können.

Wenn wir dabei ein ausgezeichnetes Haiku herausfinden können, haben nicht nur der Autor, sondern auch alle Teilnehmer das Gefühl, viel erreicht zu haben. Obwohl die Sprachen unterschiedlich waren, unterschied sich die durch das Kukai geschaffene freundliche Stimmung nicht von der, die ich in Japan erlebe.

Nach dem Workshop fand am Abend eine zweisprachige Lesung der eigenen Haiku von Frau Klingl und mir statt. In der Diskussion nach der Lesung wurden viele interessante Fragen vom Publikum gestellt, z. B.: „Hat Haiku etwas mit Zen-Buddhismus zu tun?" „Gibt es eine Beziehung zwischen der königlichen Familie und Haiku?" Leider konnte ich solche Fragen nur negativ beantworten, obwohl das Publikum vermutlich etwas „Japanisches" erwartet hat. Wie fast alle modernen jungen Haiku-Dichter/-innen in Japan, schreibe ich Haiku auch alltäglich, abseits der sogenannten japanischen, z. B. buddhistisch inspirierten Kontexte.

5-7-5 Lauteinheiten in der japanischen Sprache beizubehalten, ist zwar formal die Essenz des japanischen Haiku, ist aber ansonsten mein Haiku nicht mehr japanisch?

Eine Antwort auf diese Frage wären Jahreszeitenwörter (Kigo). Diese umfangreiche Beschreibung der japanischen Wörter beinhaltet unglaublich viele allgemeine Kenntnisse über die lokale Natur, Gesellschaft und Geschichte Japans. Kigo ermöglicht es dem Leser, dieselbe Szene mit dem Autor anzuschauen und Gefühle des Autors mitzuempfinden. Bei der Veranstaltung sprachen mich einige Teilnehmer an und sagten, dass das folgende Haiku, das ich vorlas, sehr beeindruckend sei:

Im August
an jedem Schreibtisch
steht ein freier Stuhl

    Kensuke Kashiwakura

Da in Deutschland die Schule im September beginnt, scheinen die leeren Stühle für das deutsche Publikum auf die Schüler zu warten. Es hat mich begeistert, dass die Teilnehmer mein Gedicht mit ihrem kulturellen Hintergrund sehr positiv lasen. Im Vergleich dazu würde dieses Haiku in Japan anders interpretiert. „August" ist hier ein Jahreszeitenwort für den Nachsommer bis zum Frühherbst. In Japan ist der August aber auch der Monat, in dem Japan den 2. Weltkrieg verlor. Man könnte also mit dem Originaltext auch an diejenigen denken, die damals jung waren und durch den Krieg ums Leben gekommen sind. Die deutsche Resonanz zu meinem Haiku hat mir bewusst gemacht, wie stark und tief das Jahreszeitenwort mit Geschichtlichkeit und Regionalität verbunden ist, und dass daher das Wort eine bedeutende wichtige Rolle im Haiku spielt. Entweder mit Jahreszeitenwort oder ohne? – Diese Frage bleibt immer noch die wichtigste Entscheidung für die Haiku-Dichter in Japan.

An einem anderen Tag nach der Veranstaltung führte mich Frau Klingl durch die Stadt Spandau, in der sie wohnt und immer literarisch inspiriert wird.

Ich bestaunte den kleinen, aber wunderschönen alten Stadtteil, die Fachwerkhäuser und die berühmte Zitadelle, die ich seit vielen Jahren besuchen wollte. Neben den Sehenswürdigkeiten interessierten mich auch die Tier- und Pflanzenwelt, bzw. Vogelgesänge, belaubte Bäume oder bunte Blumen. Ich lebte zwar in den Jahren 2002 bis 2003 in Berlin, aber damals war es mir gar nicht bewusst, dass die Natur hier so sehr vielfältig und völlig anders als in Japan ist. Seitdem ich, ungefähr 2010, begann, Haiku zu dichten, bin ich sehr neugierig auf die Natur geworden. Alle meine Fragen beantwortete Frau Klingl geduldig und erzählte über die heimische Natur und Umgebung.

Auf dieser Haiku-Reise habe ich enorm viel gesehen und dazugelernt. Es waren für mich wunderschöne unvergessliche Tage!

Später am Abend kam auch Frau Saori Kanemaki, die Veranstalterin von „Shapes of Haiku", zu uns. Im Brauhaus Spandau tranken wir hervorragendes Bier, mehr als nur eins, und sprachen bis spät in die Nacht über das Thema Haiku.

So überlegte ich z. B., wie es wäre, einen Haiku-Ausflug (Ginko) zu unternehmen? Bei einer kleinen Wanderung durch die Natur notiert jeder was er beobachtet, fühlt oder was ihn inspiriert. Danach verfassen alle gleich ein paar Haiku. Dies ist sehr beliebt in Japan.

Und natürlich wäre es sehr schön, wenn ich bei diesem Ginko zusammen mit den freundlichen deutschen Haiku-Liebhaber/-innen, die ich dieses Mal in Berlin kennenlernte, dabei sein könnte …

Kensuke Kashiwakura ist 1980 in Tochigi geboren und gilt als wichtiger Vertreter der Nachwuchsgeneration der Haiku-Szene in Japan. Seit 2014 ist er Mitglied im Taka-Haiku-Verein, einem der größten des Landes. Seine Ausbildung erhielt er bei den Haiku-Dichtern Maya Okuzaka sowie Keisyu Ogawa, die in der zeitgenössischen Haiku-Szene eine bedeutende Rolle einnehmen.

Neben seiner Arbeit als Redakteur im Ikubundo-Verlag beschreibt er seine alltäglichen Erlebnisse in Haiku-Form. Seine zeitnahen Momentaufnahmen vom Leben im modernen Japan werden hoch geschätzt. 2016 erhielt er den Taka-Nachwuchspreis. 2017 wurde sein Haiku-Zyklus „Oyogouka" (Lasst uns schwimmen) für den Kadokawa-Haiku-Preis nominiert. Seit 2016 ist er Mitglied in der japanischen Haiku-Dichter-Gesellschaft.

Claudia Brefeld

Zwölf Jahre DHG-Vorstand – und so viel mehr …
Zwölf Jahre Vorstand, zehn Jahre SG-Redaktion, sechs Jahre 2. Vorsitz

In Traben-Trarbach wurde ich darauf angesprochen, dass es doch sehr schön und informativ wäre, wenn ich einen Bericht über meine Vorstandszeit schreiben würde. Über diese Idee geriet ich ins Grübeln: Zwölf-Jahre – eigentlich keine riesige Zeitspanne – aber dennoch eine arbeitsreiche und lehrreiche Zeit, in der es so einiges an Veränderungen gab …

Zurückschauend war es schon immer die Kürze, die mich fasziniert hat, und so hatte auch meine Vorstandsarbeit in der DHG eine „Vorlaufzeit", die dann mein Interesse für das Haiku nachhaltig geprägt hat.

Während eines Lyrikseminars in Wolfenbüttel wurde folgende Aufgabe gestellt: Fassen Sie mit genau zwölf Wörtern inhaltlich die Ballade „Der

Handschuh" (1797) von Friedrich Schiller zusammen. Geschafft, ich war zufrieden – mein Ergebnis konnte sich sehen lassen. Die Prägnanz kurzer Texte faszinierte mich schon lange, und wie selbstverständlich hielten bald schon neben Lyrik und Kurzgeschichten die Genres Aphorismus und Haiku Einzug in mein „Skizzenheft". Über ein Schreibseminar wurde ich auf die damalige Website haiku.de aufmerksam. Sie beinhaltete u. a. eine Haiku-Schreibwerkstatt, und schnell war ich dem Sog des Austausches und des Lernens in Sachen Haiku verfallen. Gerd Börner, Volker Friebel, Martina Khamphasith, Ramona Linke, Ekkehard May, Marita Schrader, Hubertus Thum, Udo Wenzel, Angelika Wienert tauchen spontan als Namen auf, die ich mit dieser Zeit verbinde. Ich schrieb, las, diskutierte, lernte, diskutierte, las und schrieb. Als Stefan Wolfschütz mich dann fragte, ob ich Interesse an der Mitarbeit an einem deutschen *saijiki*-Projekt hätte, sagte ich sofort zu. Zu fünft eroberten wir uns die Welt des *kigo*, begannen das *saijiki* aufzubauen und lernten dabei am Rande unerwartet Bemerkenswertes über die Jahreszeiten in Deutschland – es war eine lehrreiche Phase!

Dem Haiku-Weg weiter folgend kam es 2007 schnell zur DHG-Mitgliedschaft, dicht gefolgt von der Anfrage, ob ich mir vorstellen könnte, im Vorstand mitzuarbeiten. Da ich Vorstandsarbeiten von anderen Vereinen kannte – immer war es befruchtend und kreativ gewesen – stimmte ich gerne zu und wurde daraufhin in den Vorstand gewählt. In den ersten zwei Jahren war Martin Berner 1. Vorsitzender, Christa Beau hatte den 2. Vorsitz inne. Georges Hartmann verwaltete die Finanzen, Gerd Börner betreute die Website, Volker Friebel war Schriftführer. Ich machte mich mit den DHG-Strukturen vertraut und begann schnell Kontakte – auch über den DHG-Tellerrand hinaus – zu knüpfen, von denen sich einige im Laufe der Zeit zu wunderbaren Bekanntschaften entwickelt haben, für die ich sehr dankbar bin.

Wir – Gerd Börner, Mario Fitterer und ich – überlegten uns ein neues Konzept für eine Haiku-Auswahl, die in den SG-Ausgaben erscheinen sollte. Spätestens da wurde mir klar, dass es eine mehr oder minder große Kluft zwischen Haiku-Dichter*innen in der DHG gab: traditionelles vs. freestyle-Haiku – und damit war bei mir das Interesse und Anliegen geweckt, eine Brücke als bereicherndes Element zwischen den beiden Schwerpunkten zu schaffen.

Als zwei Jahre später Martin Berner und Christa Beau sich nicht mehr für die Vorstandswahlen aufstellen ließen, übertrug die MV dem neu gewählten Vorstand die Aufgabe, die beiden Posten neu zu besetzen. So wurden Georges Hartmann 1. Vorsitzender und ich 2. Vorsitzende. Georges war Kassenwart, kümmerte sich um den SG-Versand und verwaltete die neuen Mitglieder. Ich widmete mich dem SG und dem Bereich „Info und Kontakte".

Zusammen mit Silvia Kempen übernahm ich die redaktionelle Arbeit von SOMMERGRAS – und bei kniffeligen Problematiken griffen wir gerne auf das langjährige Wissen von Georges zurück. Dies war gleich zu Beginn gefragt, als uns klar wurde, dass bis dahin der Layouter sich auch als SOMMERGRAS-Chefredakteur sah. Der Vorstand beriet sich, und nach einem kurzen, kernigen E-Mail-Disput schrieb Georges Hartmann einen letzten klaren Brief und der DHG-Vorstand erlangte seine Redaktionshoheit über SOMMERGRAS wieder. Martina Khamphasith wurde neue Layouterin und blieb weiterhin Lektorin. Mithilfe von Stefan Wolfschütz erhielt das SG-Cover ein neues Outfit. Ich überlegte mir ein neues Konzept für den Haiku-Auswahl-Bereich, und es entstand die Haiku- und Tanka-Auswahl mit der wechselnden Jury, zu der sich jedes DHG-Mitglied melden konnte – und bis heute kann. Ebenso nahm ich die Rubrik „Ein Haiku, das mich besonders anspricht" mit hinein. Bald waren Georges Hartmann, Silvia Kempen und ich ein rundum gut eingespieltes Redaktionsteam. Neue Ideen der DHG-Mitglieder wurden aufgegriffen und diskutiert, um das SG attraktiver und abwechslungsreicher zu gestalten. Später übernahm Silvia Kempen die Koordination der HTA, dann Petra Klingl und danach Eleonore Nickolay.

Bis 2015 schaukelten Georges Hartmann und ich das Vorstandsschiff. Wir bewältigten neue Herausforderungen und Projekte und die unterschiedlichen Aufs (z. B. Mitgliederzahlen und Kontostand) und Abs (z. B. Kontostand) und ermunterten und befeuerten uns gegenseitig immer wieder durch E-Mails und ausgiebige, kurzweilige Telefonate (über Georges' E-Mails habe ich so manches Mal Tränen gelacht). Es war eine gute Zeit!

Zwischen 2013 und 2015 blieb der 1. Vorsitz unbesetzt – und ich hatte somit indirekt mit dem 2. Vorsitz den Vorstandsvorsitz inne. Uns wurde im Vorstand klar, dass der 1. Vorsitz zukünftig immer schwieriger zu besetzen sein würde, und so verabschiedete die MV 2015 eine neue DHG-Satzung, die einen Vorstand ohne Vorsitz ermöglichte. Gleichzeitig wurde der Sitz der DHG nach Hamburg verlegt. Die Aufgaben nahmen insgesamt zu, und da ich mittlerweile wieder eine Vollzeitarbeitsstelle hatte (die Kinder waren „aus dem Gröbsten raus"), merkte ich bald, dass ich sehr an meine Grenzen kam. Ich begann, Aufgaben abzugeben, und wir stellten die SG-Redaktion breiter auf. Rückblickend war die SG-Redaktion in den zehn Jahren eine muntere Riege, die ich mit vielen originellen Ideen, inspirierenden Telefonaten und effektiver Teamarbeit verbinde: Silvia Kempen, Horst-Oliver Buchholz, Annette Grewe, Georges Hartmann, Maren Schönfeld, Eleonore Nickolay, Thomas Opfermann. Und ja, ich meine, wir haben so einiges bewegen und verändern können! Neue Rubriken entstanden, manche etablierten sich, andere verschwanden wieder in der Versenkung.

Im Laufe der zwölf Jahre veränderte sich natürlich auch der Vorstand in seiner Besetzung. Schaue ich mir die Protokolle der Mitgliederversammlungen vergangener Jahre an, ergibt sich eine Namensliste, die viele Erinnerungen bei mir weckt:

Eva-Maria Adamczyk, Christa Beau, Martin Berner, Gerd Börner, Claudia Brefeld, Horst-Oliver Buchholz, Volker Friebel, Claudius Gottstein, Georges Hartmann, Silvia Kempen, Petra Klingl, Norbert C. Korte, Eleonore Nickolay, Peter Rudolf, Maren Schönfeld, Heike Stehr, Brigitte ten Brink, Klaus-Dieter Wirth, Stefan Wolfschütz.

Nicht zu vergessen: So manche Projekte wurden in diesen zwölf Jahren von Vorstandsmitgliedern durchgezogen – besonders zu nennen wären da:

2008 DHG-Anthologie, 20 Jahre DHG (Martin Berner)
2008 3. DHG-Haiku-Wettbewerb (Martin Berner)

2008 Fragebogen an die DHG-Mitglieder und Auswertung (Claudia Brefeld, Volker Friebel)

2010 Heike Stehr übernimmt die Betreuung der Website von Gerd Börner

2010 DHG-Bio-Bibliografie „Dichtertreffen" – spätere Mitgliederseiten auf der DHG-Website (Claudia Brefeld, Georges Hartmann)

2012 4. DHG-Haiku-Wettbewerb (Claudia Brefeld, Georges Hartmann)

2013 Jubiläums-Ausgabe 25 Jahre DHG (Georges Hartmann)

2013 Stefan Wolfschütz übernimmt die Betreuung der Website von Heike Stehr

2014 5. DHG-Haiku-Wettbewerb (Claudia Brefeld, Georges Hartmann)

2015 Haiga-Anthologie „Der Duft des Tuschsteins" (Klaus-Dieter Wirth)

2016 6. DHG-Haiku-Wettbewerb inkl. Agenda 2017 (Übergangs-Projekt von DHG + HHV) (Stefan Wolfschütz)

2017 7. DHG-Haiku-Wettbewerb inkl. Agenda 2018 (Stefan Wolfschütz)

2018 DHG-Anthologie, 30 Jahre DHG (Peter Rudolf)

2018 8. DHG-Haiku-Wettbewerb inkl. Agenda 2019 (Claudia Brefeld)

Im Großen wie im Kleinen soll es in diesem Falle natürlich nichts anderes bedeuten, als dass der Vorstand sich ebenso den vielen ungezählten kleineren Projekten mit Herzblut und Engagement gewidmet hat.

Über die Jahre führte manch ein internationaler Kontakt nicht nur zu einem intensiv fachlichen, sondern auch einem herzlich persönlichen Austausch. William J. Higginson brachte mir mit seiner eigenen Art bei, worauf es beim Haiku und dann speziell bei den *renku*-Dichtungen ankommt. Aus diesem Fundus schöpfe ich heute noch gerne. Er legte bei mir den Grundstein für die Begeisterung für Kettendichtungen, und sein damaliges Einverständnis, seine Webseite „shorter renku" zu übersetzen und auf meiner Website zu veröffentlichen, ist bis heute gegeben. Jane und Werner Reichhold (der mich zudem immer wieder ermunterte, meine eigene fotografische Sicht nicht aus den Augen zu verlieren), Peggy Lyles, David Cobb, David Lanoue, Laura Vaceanu und Dragan Ristic (um nur einige zu nennen) sind weitere Namen, die mir spontan einfallen und mit denen ich besondere Erinnerungen verbinde.

An dieser Stelle möchte ich einmal ganz herzlich DANKE all denjenigen sagen, die mit ihren vielen, vielen positiven und konstruktiven Rückmeldungen an den Vorstand und an die SG-Redaktion zu einer motivierten Vorstandsarbeit beigetragen haben.

Und – da man bekanntlich an neuen Aufgaben wächst: Stefan Wolfschütz und ich sind übereingekommen, dass ich bei der Betreuung der DHG-Website mitmache. Ich freue mich.

Nun ist diese Rückblende auch ein wenig ein Bericht über zwölf Jahre DHG-Vorstand allgemein geworden. Gut so.

Stefan Wolfschütz

KUKAI oder: Vom Glück, Haiku zu schreiben

Seit Mai 2019 treffen sich 80 bis 90 interessierte Haiku-Autorinnen und -Autoren auf der Internetseite KUKAI24.de. Meine Freundschaft mit Emiko Miyashita, einer anerkannten japanischen Haiku-Autorin, und ihre Erzählungen über die Kukai-Kultur in Japan, haben mich dazu inspiriert, diese Initiative zu ergreifen.

Wer im Internet nach dem Wort Kukai sucht, wird im Zusammenhang mit Haiku kaum fündig werden. Das wirkt überraschend, weil Kukai in Japan, so Emiko Miyashita, die Hauptveranstaltungen landauf, landab sind, um Haiku schreiben zu lernen. Sie finden wöchentlich oder monatlich unter Anleitung von Haiku-Meistern statt, die wertvolle Hinweise und Kommentare geben. Allerdings immer erst, nachdem die für das Kukai verbindliche Wertung der eingereichten Haiku durch die anwesenden Teilnehmerinnen und Teilnehmer erfolgt ist. Begründet wurde diese

Tradition von Masaoka Shiki. Sein erstes Kukai ist 1881 dokumentiert, ab 1892 wurde es regelmäßig von ihm abgehalten.

Zur Erläuterung: Das Grundprinzip eines Kukai besteht in einem Wettbewerb. Interessierte treffen sich und reichen zu einem vorgegebenen Thema EIN HAIKU ein, das sie auf einem Blatt niederschreiben und in einen Sammeltopf legen. Je nach Kukai-Gruppe wird jetzt in einem genau vorgegebenen Verfahren eine Bewertung der eingereichten Haiku durch die Teilnehmer des Kukai erstellt. Die Haiku liegen in anonymisierter Form vor, und es entsteht am Ende eine Rangfolge der Haiku durch die Bewertungen. Anhand dieser Rangfolge kommentiert der anwesende Haiku-Meister die eingereichten Haiku. Diese Kommentierung und das Gespräch über das Ergebnis sind für die Autorinnen und Autoren in diesen Zirkeln für das Haiku-Schreiben besonders wertvoll.

Nun gibt es zwar in der deutschen Haiku-Landschaft keine Haiku-Meister wie in Japan, aber doch Haiku-Dichter, die über reichlich anerkannte Erfahrung im Schreiben von Haiku verfügen. Beim Internet-Kukai auf HAIKU24.de wurde deshalb eine sogenannte Co-Wertung eingeführt. Ich lade erfahrene Haiku-Autorinnen und -Autoren dazu ein, parallel zu der Wertung der Teilnehmer eine Co-Wertung abzugeben. Natürlich liegen auch dabei allen Beteiligten die eingereichten Haiku in anonymisierter Form vor.

Hier die beiden Siegerhaiku aus dem Juli-Kukai zum Thema MÜßIGGANG:

Votum der Teilnehmer:

im See
durch den blauen Himmel
schwimmen
    Christa Beau

Votum der Co-Wertung vorgenommen durch Gerd Börner:

> stuhl schaukeln.
> oben
> die schwalben.
>
> Thomas Steiner

Ankündigung:
Im Dezember veranstalte ich ein **Charity-Kukai**. Neben meiner Haiku-Leidenschaft bin ich im Vorstand der Stiftung „steps for children" (www.stepsforchildren.de) tätig. Die Stiftung kümmert sich um Aidswaisenkinder in Namibia und arbeitet in den dortigen Armengebieten, um Kindern, die unter erbärmlichen Verhältnissen aufwachsen, Lebensperspektiven zu eröffnen. Mit der Teilnahme am Dezember-Kukai erbitte ich eine Spende für die Stiftung und deren Arbeit. Die Spende ist aber ausdrücklich keine Voraussetzung für die Teilnahme am Kukai! Alle weiteren Informationen unter www.kukai24.de

Foto und Haiku: Gabriele Hartmann

Mitteilungen

Neuveröffentlichungen

1. Haiku von Rita Rosen/Bilder von Petra Ehrnsperger: Mußestunden. Petra Ehrnsperger, Selbstverlag 2019. 57 Seiten.
Zu beziehen: r.rosen@gmx.de

2. Rita Rosen/Petra Ehrnsperger: Haiku Triptychon. Rhythmus der Formen. Drei Zeilen Drei Bilder Drei Lesezeichen. Selbstverlag 2019
Zu beziehen: r.rosen@gmx.de

3. Volker Friebel: Lebensgezeiten. Bilder und Verse. Edition *Blaue Felder*, Tübingen. 2019. PapierBuch: 48 Seiten. 21 Haiga, farbig, mit weiteren zugeordneten Versen. Über den Buchhandel erhältlich oder über www.blaue-felder.de. Eine kostenfreie pdf-Version findet sich hier: www.volker-friebel.de/dichtung/quelle/

4. Gabriele Hartmann: „Paarungszeit", Haiku aus 2018. bon-say-verlag. 2019. A6 quer, 148 Seiten, Ringbindung,.
Zu beziehen unter: info@bon-say.de

5. Rüdiger Jung und Gabriele Hartmann: „Rumours". bon-say-verlag, 2019.
Zwölf Renhai, A6, 16 Seiten, Handarbeit,
Zu beziehen unter: info@bon-say.de

6. Brigitte ten Brink und Gabriele Hartmann: „You Want It Darker". bon-say-verlag, 2019. Acht Renhai, A6, 12 Seiten, Handarbeit,
Zu beziehen unter: info@bon-say.de

7. Brigitte ten Brink und Gabriele Hartmann: „Seargent Pepper's". bon-say-verlag, 2019. 13 Renhai, A6, 20 Seiten, Handarbeit,
Zu beziehen unter: info@bon-say.de.

Sonstiges

1. **In Kooperation mit der Haiku International Association**
(Claudia Brefeld)

[HIA: 1989 gegründet, hat sie seitdem ihren Sitz in Tokyo. Die Zeitschrift HI (Haiku International) erscheint vierteljährlich. Seit 2002 präsentiert sie sich im Internet. HIA-Präsident ist zurzeit Akito Arima.]

„Die Haiku International Association wurde im Dezember 1989 gegründet, um auf die weltweite Popularität des Haiku zu reagieren und die Freundschaft und den Austausch mit Haiku-Liebhabern im Ausland zu fördern. Seit der Zeit hat unser Verein seine Aktivitäten fortgesetzt und sich auf die Einführung der Haiku-Kultur, den Austausch mit internationalen Gesellschaften und die Herausgabe eines Magazins konzentriert."

Diese Worte von Akito Arima möchte ich zum Anlass nehmen, um unsere langjährige Mitgliedschaft in der HIA als Deutsche Haiku-Gesellschaft in den Mittelpunkt zu rücken.

Seit langer Zeit findet ein regelmäßiger Austausch der Zeitschriften HI und SOMMERGRAS (japanisch: *Natsukusa*) statt, und nur die Sprachbarriere hat bisher leider verhindert, dass die Inhalte unproblematisch gelesen und verstanden werden konnten.

Während eines Gespräches auf dem DHG-Treffen in Traben-Trarbach entstanden darum sehr schnell zwischen Emiko Miyashita (Vorstandsmitglied der Haiku International Association) und mir die Idee und das Konzept, regelmäßig ausgewählte Haiku aus den Zeitschriften in die jeweils andere Sprache zu übersetzen und auf der entsprechenden Website vorzustellen.

Der Anfang war gemacht: Mitte Juni wurden übersetzte Haiku aus SOMMERGRAS 125 von Emiko Miyashita auf der HIA-Website veröffentlicht. Die Haiku, zuvor von mir ins Englische übersetzt, wurden von Emiko Miyashita ins Japanische übertragen. Martin Thomas setzte dann die Namen der Autor/-innen in Katakana-Zeichen:
http://www.haikuhia.com/overseas/primer/english/archives/38.html

Inzwischen steht auch die erste Ausgabe mit ausgewählten (und von Martin Thomas übersetzten) Haiku aus HI 141 auf unserer Website: https://deutschehaikugesellschaft.de/hi-141

Workshops:

1. **Workshop in Wiesbaden**: 10. November 2019 von 10 bis 16 Uhr.
   Ort: 65191 Wiesbaden-Bierstadt, Alte Robert Kochschule, Hofstr. 2, Gebäude der ehem. Robert-Koch-Schule im EG.
   Leitung: Klaus-Dieter Wirth
   Bei der Besprechung unserer Haiku werden die Wesensmerkmale des Haiku und die Grundbausteine berücksichtigt. Themenwünsche können mit der Anmeldung eingereicht werden. Sowohl Anfänger als auch „alte Hasen" sind herzlich eingeladen.
   Anmeldung: Ruth Karoline Mieger, Am Speiergarten 6, 65191 Wiesbaden.
   Tel. 0611 / 609 28 92, E-Mail:rkmieger@gmx.de

2. **Haiku und wandern**: Seminar mit Peter Wißmann und Volker Friebel, Freitag, 25. bis Sonntag 27. Oktober 2019 im Kloster Neresheim (bei Aalen) und Umgebung. Für neue sowie für erfahrene Haiku-Autoren gleichermaßen geeignet. Wir werden die Umgebung des Klosters erkunden, dabei Haiku skizzieren, diese anschließend gemeinsam besprechen und weiterentwickeln. Und wir werden uns über das Haiku und seine Besonderheiten als Literaturform austauschen. Anmeldung Telefon 07 11 / 2 25 85 26 (Geschäftsstelle der Wanderakademie) oder unter www.wanderakademie.de. Dort in der Suche „Haiku" eintragen und den diesjährigen Termin auswählen. Frühzeitige Anmeldung empfiehlt sich, die Zahl der Plätze ist begrenzt.

Haiku-, Tanka- und Haiga-Mentoring

Für das **Haiku-Mentoring** stellt sich zur Verfügung

Claudia Brefeld   claudia.brefeld@rub.de

Für das **Tanka-Mentoring** stellt sich zur Verfügung

Tony Böhle   tonyboehle@web.de

Für das **Haiga-Mentoring** stellt sich zur Verfügung

Claudia Brefeld   claudia.brefeld@rub.de

Covergestaltung

Das Cover dieser Ausgabe wurde von Paul Bernhard gestaltet.
Paul Bernhard wurde 1944 in Interlaken (Schweiz/Kanton Bern) geboren. In den letzten 20 Jahren seiner beruflichen Tätigkeit arbeitete er in der Versicherungswirtschaft.
Durch seinen Vater inspiriert fotografiert er seit seiner Jugendzeit und ist seit 45 Jahren in einem Fotoklub. Sein umfassendes Interesse machte aus ihm einen Allrounder. So sammelte er über viele Jahre Erfahrung in der analogen und digitalen Fotografie. Er versucht mit seiner Sichtweise, mit Bildern in Farbe und Schwarzweiß zum Hinsehen und Innehalten beizutragen, nach dem Grundsatz: Wer fotografiert, sieht alles mit „offenen" Augen.
Durch ZEN-Fotokurse bei Jo Fahl im Engadin (St. Moritz) hat man ihm auch die Haiku-Dichtung nähergebracht. Er sagt dazu: „Diese 3-Zeiler faszinieren, es braucht aber viele Jahre Erfahrung … "Schon bald dachte er an Kompositionen aus Bild und Gedicht und ging das Wagnis ein, einen Bildband zu machen … d. h. Bild und Text getrennt.

Errata

S. 11: Grundbausteine des Haiku (XXXVI):
Im Haiku von Birgit Lockheimer muss es richtig lauten:

Museumsselfie
Porträts zweier Mädchen
mit Perlen**ohr**ring

S. 35: Die Auswahl:
In Bernadette Duncans Haiku hatte sich ein Komma eingeschlichen.
Richtig ist:

als hätten sie alles
verstanden in diesem Winter …
Kirschblüten

Impressum

Vierteljahresschrift der Deutschen Haiku Gesellschaft
31. Jahrgang – September 2019 – Nummer 126

Herausgeber: Vorstand der DHG
Tel.: 040/460 95 479
E-Mail: info@deutschehaikugesellschaft.de

Redaktion: Horst-Oliver Buchholz, Eleonore Nickolay, Thomas Opfermann, Ramona Linke

Titelillustration: Paul Bernhard

Lektorat, Satz und Layout: Martina Khamphasith

Freie Mitarbeit erwünscht. Ihre Beiträge schicken Sie bitte per

E-Mail an: Horst-Oliver Buchholz, Eleonore Nickolay, Thomas Opfermann:
redaktion@deutschehaikugesellschaft.de

Post an: Petra Klingl, Wandsdorfer Steig 17, 13587 Berlin

Über die Veröffentlichung der Beiträge entscheidet die Redaktion. Die Meinung unserer Autoren muss sich nicht immer mit der Meinung der Redaktion decken. Die Beiträge werden von uns sorgfältig geprüft, für die Richtigkeit, Vollständigkeit und Aktualität der Inhalte, insbesondere der fremdsprachlichen Texte, können wir jedoch keine Gewähr übernehmen.

In der Zeitschrift SOMMERGRAS wird (betrifft Beiträge der Redaktion) die männliche Form stets generisch gebraucht und bezieht folglich die weibliche Form mit ein.

Einsendeschluss
für die Haiku- und Tanka-Auswahl: 15.10.2019
Redaktionsschluss: 25.10.2019

Jahresabonnement Inland (inkl. Porto) 45 €
Jahresabonnement Ausland (inkl. Porto) 55 €
Einzelheftbezug Inland (inkl. Porto) 12 €
Einzelheftbezug Ausland (inkl. Porto) 14,50 €
Auslandsversand nur auf dem Land-/Seeweg.

Der Mitgliedsbeitrag beträgt 45 € im Jahr und beinhaltet die Lieferung der Zeitschrift (Inland inkl. Porto, Ausland + 10 € Porto).
Die finanzielle Unterstützung der DHG quittieren wir mit Spendenbescheinigungen.